DATA INFORMED

仮説とデータをつなぐ思考法

(株)ギックス取締役
共同創業者
田中耕比古

SB Creative

この本を読むと、
データへの苦手意識がなくなり、
ビジネスの成果が確実にあがる。

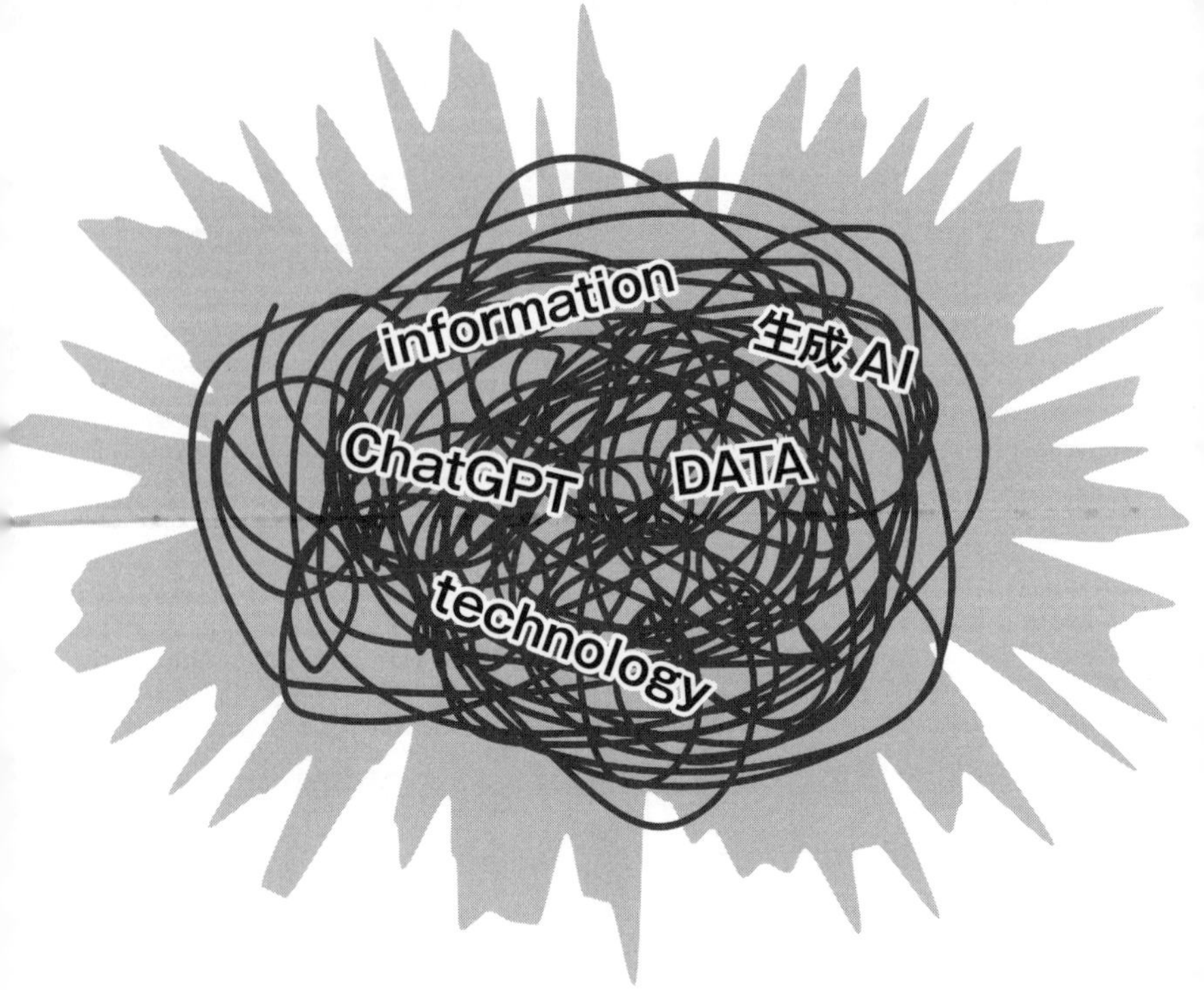

データとの向き合い方が
よくわからない。

データも情報も多すぎて、
何をどう使えばいいのか
わからない。

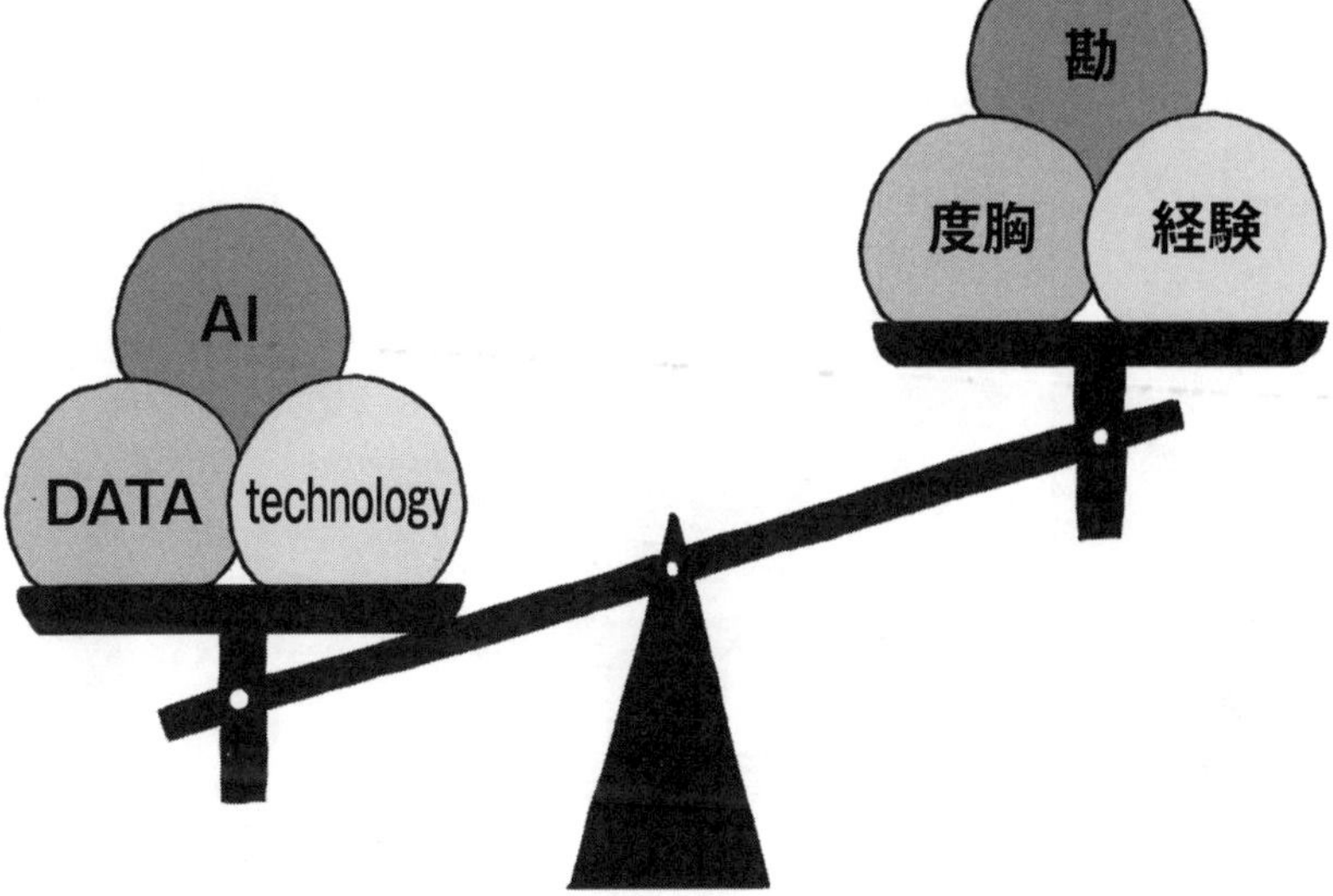

いまの時代、
これまで培ってきた
勘・経験・度胸（ＫＫＤ）
よりデータが大事？

ＫＫＤって、
もう役に立たない？

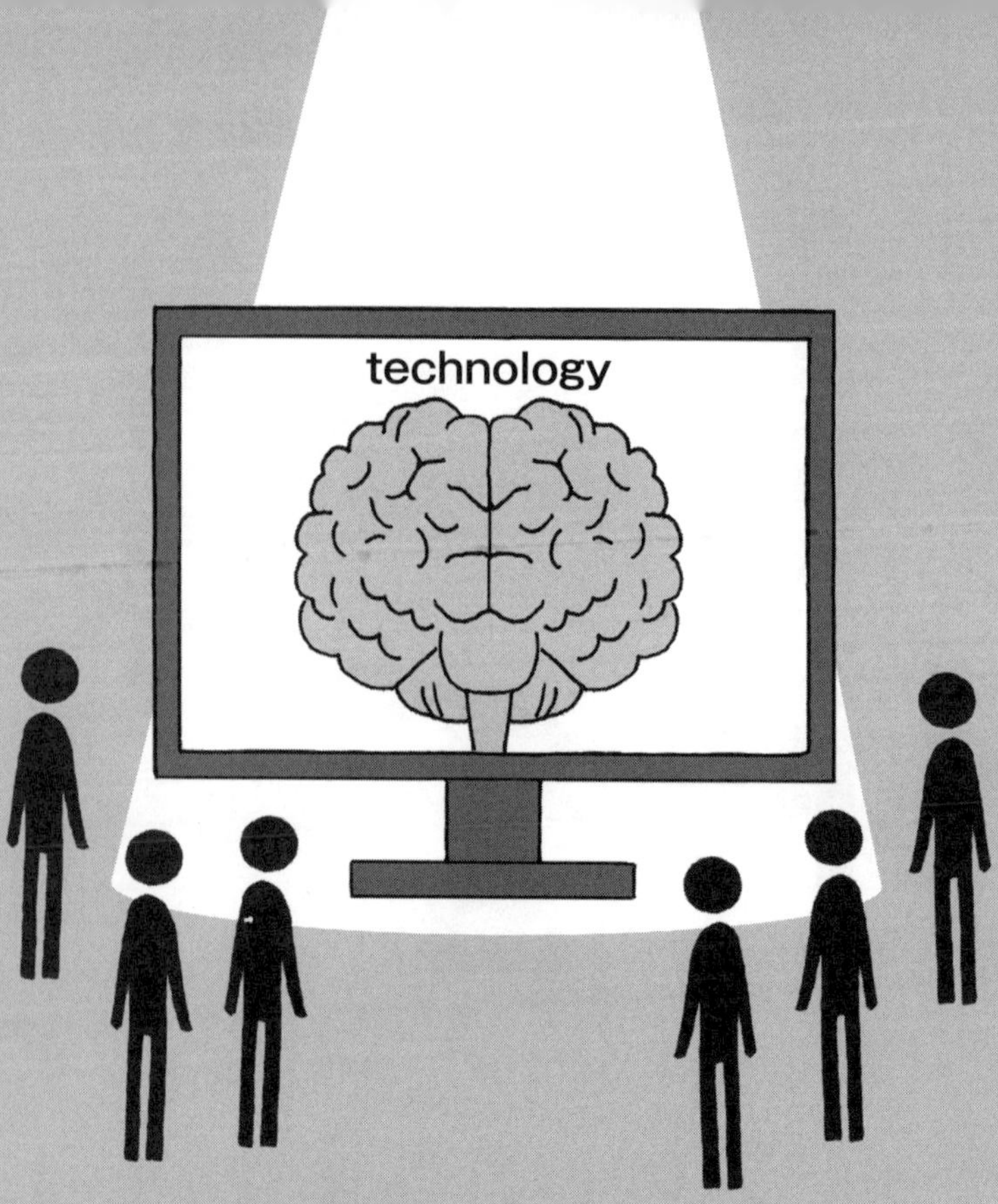

新しいテクノロジーが
次々出てくるけど、
ビジネスの主役は
人間から機械に
変わるの？

仕事で経験を積んできたけれど、
時代に合わせて、データ分析の
リ・スキリングをすべき？

成果を上げ、評価を得るには、
結局データ分析技術を学ぶしかない？

もうAIにまかせれば、ほぼ正解が出るのか？

文系〝ビジネス人材〟にできる仕事はないの？

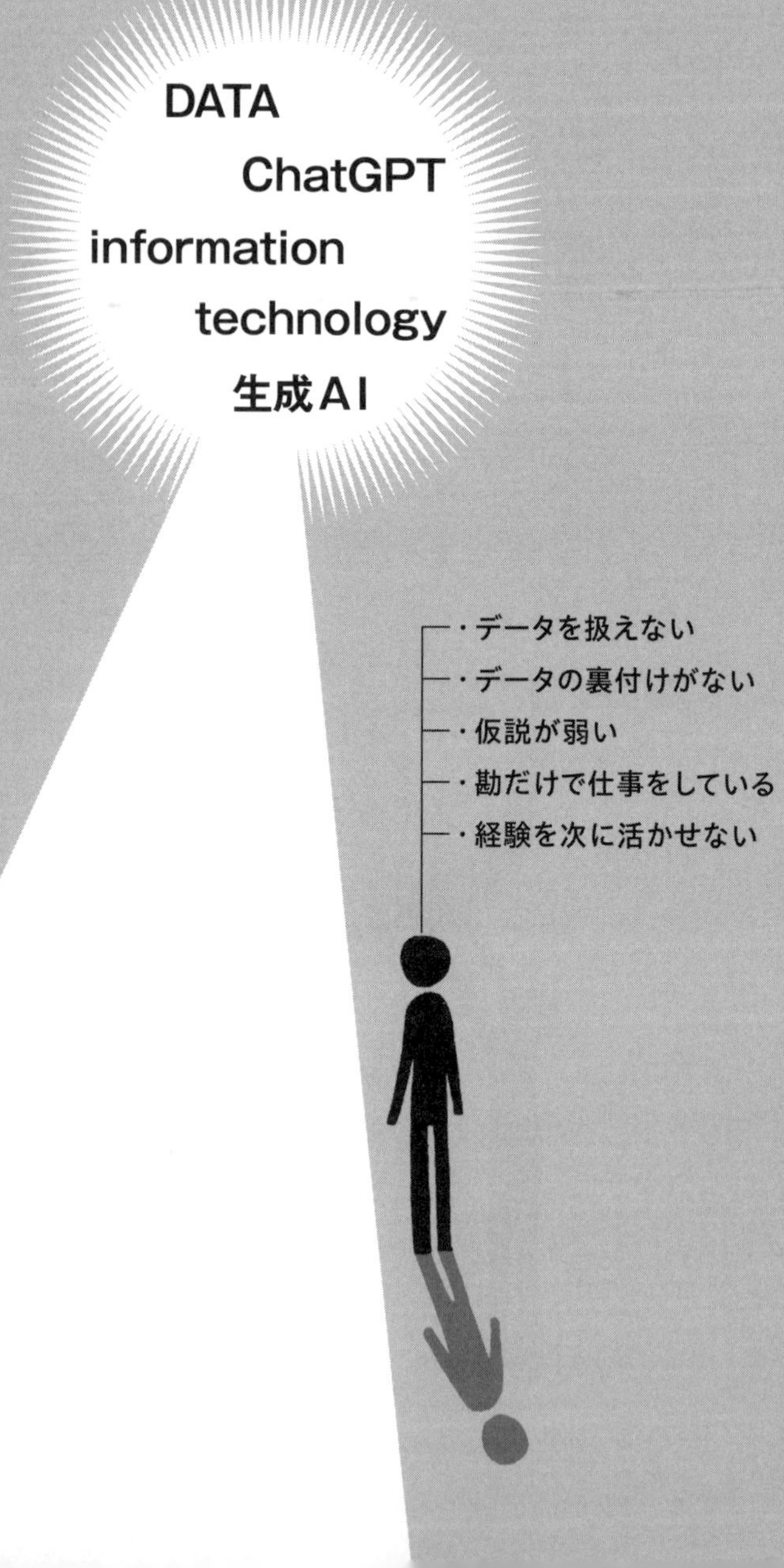
DATA
ChatGPT
information
technology
生成AI
・データを扱えない
・データの裏付けがない
・仮説が弱い
・勘だけで仕事をしている
・経験を次に活かせない

この本は、文系コンサルタントの私から、
こんな思いを抱えているすべての人に贈ります。

あなたの経験はムダじゃない。
むしろ、新しいテクノロジー時代の強みになる。

田中耕比古

仮説とデータをつなぐ思考法

DATA INFORMED

はじめに

あなたは本当にデータを「見て」いますか？

◉「データと、どう向き合うか？」は仕事の評価に直結する

データを見る。データを分析する。データを用いて考える。いろいろな表現で「データを使う」ことが推奨されています。皆さんも、そういう言葉を聞いたり、ご自身で言ったりしたことがあるのではないでしょうか。

しかし、データを「見る」とは、一体どういうことなのでしょうか。

あるいは、こんな指摘を受けたことはありませんか？

「その根拠は？」

「なぜ、そう思うの？」

「裏付けはあるの？」

こうした指摘は、日本中のありとあらゆる場所で、毎日必ず行われています。

多くの場合、仕事の能力は、経験や知識の多さに比例すると考えられています。そして、若手社員の場合は、それが不足しているから、仕事能力が低いと判断されます。しかし、若くて経験が浅い状態でも成果を出して、周囲から認められる人材はたくさんいます。反対に、経験も知識も豊富な人であっても、あまり成果を出せていない人もいます。

この違いは、どこから来るのでしょうか。

仕事の成果を出せているかどうか、に大きく影響を与えているのが「データとの向き合い方」です。データをどう見るか。データをどう使っているか。それが、仕事の成果に直結し、評価に響きます。

若手の方は、経験・知識が足りないことを嘆く必要はありません。むしろ、データを用いて経験・知識の獲得スピードを強化していくことで、人の何倍も成長することができる大きなチャンスがあると考えるべきです。

中堅層の方、あるいは、現場感覚が少し鈍ってきたなと感じている管理職の方は、自身の経験と知識、そして「勘」をデータによって強化することを考えましょう。

経験・知識だけで成果を出していくことには限界があります。どこかで、必ず行き詰ります。データを見る、データを使うことが、その限界を超える鍵です。

◉データを用いて、「仮説」をカタくする

冒頭の問いに戻りましょう。

データを見る、とは、どういうことなのでしょうか？

それは、業務経験が豊富な人が、自身の勘・経験をデータによって強化・アップデートすることです。そして、業務経験が浅い人が、周囲の先輩・上司の勘・経験を、データによって検証しながら、自らの血肉に変えていくことです。

「その根拠は？」「なぜ、そう思うの？」「裏付けはあるの？」……。こういう指摘を受けるのは、正しいデータの見方・使い方をしていないからです。

コンサルティング業界を中心に「仮説」という言葉が使われます。皆さんも聞いたことがあるでしょう。この「仮説」は、最初のうちは曖昧で、正しいかどうかがよく

分からない仮の答えです。しかし、ここにデータを加味し、自分の考えが正しいかどうかを確認していくことで、徐々に確からしさが増していきます。つまり、だんだんと「カタい仮説」になっていくわけです。

カタい仮説は、言い換えれば、データによって強化された勘・経験です。

本書では、この、仮説をカタくするにあたって、データといかに向き合うべきか、に焦点を当てて解説していきます。

●文系人材でも、データを使った仮説思考で「成果」を出せる

私は、私立大学の文系学部出身です。統計知識はなく、数理モデルもわかりません。20数年前に新卒入社をしたシステム開発会社（SIer）でプログラミングをかじったことはあるものの、プログラマーやエンジニアを名乗れるレベルではありません。

しかしながら、そんな典型的文系人材の私が、「データを用いたコンサルティング会社」を共同創業し、上場に至るまで取締役を務めることができています。

これを可能としているのは、ひとえに「データを用いた仮説思考を実践している」

ことに尽きます。

データ利活用は手段です。目的ではありません。

一方、一般的に「ビジネス」の領域における目的は「成果」を出すことです。売上を向上させたり、コストを下げたりすることです。

このようなビジネス上の成果を意識しながらデータを見ること、そして、そのデータを経験と勘に照らし合わせながら仮説を作りあげ、さらに、データを用いて仮説を検証していく姿勢を持つこと、これが非常に重要なポイントです。

つまり、「常に、ビジネス観点でデータを見る」ことを意識していく必要があります。

◉ITスキル「だけ」では、仕事の成果につながらない

昨今、プログラミングスキルやＩＴスキルは、身につけて当たり前のものになってきています。私のような文系出身者も、そういう技術を学んでいくことが求められています。身につければ役立つスキルですから、当然ながら、トライすべきです。

しかし、その一方で、プログラミングスキル、ＩＴスキルを身につける「だけ」で

は、仕事の成果を出すに至りません。
ここで目を向けるべきは、多くの方が、日々の業務の中で培ってきた経験と知識です。これらをもっともっと活用し、成果につなぐことを考えていくことが重要です。プログラミングを学ぶにせよ、データ分析に取り組むにせよ、あなたの「ビジネス感覚」を核に据えるべきです。そして、それを補強し、最新状態にアップデートしていくことに力を注いでみましょう。

本書には、キャリアの大半をデータ分析領域に身を置いて過ごしながら、データ分析から少し離れた立ち位置で価値創出を試み続ける私の経験と思いを詰め込みました。データと向き合い、データを用いて「業務を変える」「ビジネスを変える」役割を担う〝ビジネス人材〟の皆さんにとって、本書が1つの道しるべになれば、大変嬉しく思います。

田中耕比古

たとえば……、こんな方はこう読んでみては？

全体像を捉えながら理解を深めたい方	コンセプト・考え方を知りたい方	すぐに役立つテクニックを知りたい方
最初から、通して読んでみる	現状を理解し、取り組み方を知る	実行手順を把握し、実践する

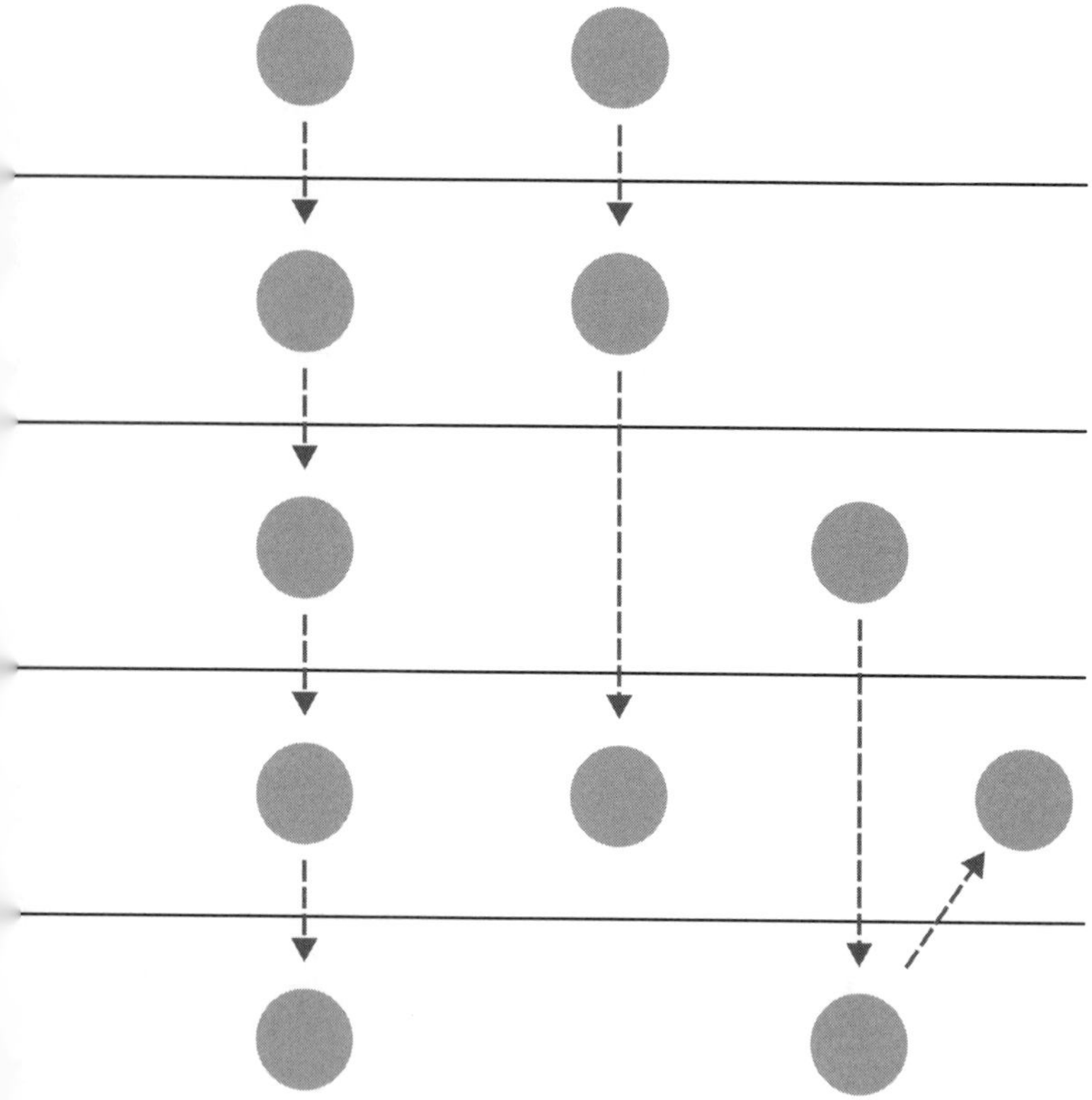

この本の歩き方

この本は5つの章に分かれています。

各章でお伝えしたいこと

第1章 今を知る	データ活用が“当たり前”になっている今、私たちに、何が求められているのか?
第2章 課題を知る	データ活用がうまくいかない人や企業は、どんな課題を抱えているのか?
第3章 手順を知る	データ活用を成功に導き、ビジネスを成長させるためには、何を行えばよいのか?
第4章 考え方を知る	手順通りに進める際に、重要な“データを用いた考え方”とは?
第5章 仕事術を知る	本書の内容を仕事の現場で実践するためには、どのように振る舞うとよいのか?

『仮説とデータをつなぐ思考法　DATA INFORMED』　もくじ

第2章 データ活用、DX推進における誤解
——あなたのデータ分析、データ活用がうまくいかないのはなぜか

第3章　人間が主役のデータ活用
──〝ビジネス人材〟だからこそ可能なデータインフォームドな思考法

第4章 仮説思考でデータと向き合う技術 ――データ分析だけでは出てこない、自分なりの「仮の解」の導き方

第5章 データインフォームド思考 実践編
――「報告」「企画」「営業」……。具体的シーンで〝仮説とデータをつなぐ〟技術

第1章

爆発的に加速するデータ時代の中で

――文系〝ビジネス人材〟のデータとのつき合い方

ビジネスで求められるのは「成功の再現性」

◉1度限りの大成功よりも継続的な成功

仕事に取り組むうえで、最も重要なことは何でしょうか。

多くの人は「成果を出すこと」「結果を出すこと」と答えます。私の答えは少し違います。仕事において最も大切なのは、「成功確度を最も高めること」です。

成果、結果を出すことは、働く上での責務です。どれだけ頑張っても、成果、結果につながらなければ、評価されません。しかしながら、物事を進めていく中で、いろいろな問題が起こるのも事実です。中には、自分の努力ではどうしようもないこともあります。そうすると、自分以外の外的要因によって成果が出ない、結果が出ないということになります。

こうした状況を踏まえると、**私たち一人ひとりができるのは「最も成功に近いところまで準備する」こと**だと気づきます。

売れる商品を企画する、お客様に響く広告を作り上げる、求められた時間に商品をお届けする、何度も来店したくなるようなお店にする、品質を変えずにコストを下げて利益を出せるようにする……日々の仕事において目指すべきものはさまざまです。これらを実現するために、精いっぱい努力するのは、社会人としての大前提です。そして、その目標を達成したかどうかで評価される、これも社会人として当然のことです。

しかしながら、仕事はその場限り、1回限りのものではありません。継続的に取り組んでいくものです。長年、仕事を続けていれば、誰しも1度や2度は大きな成功体験があり、大きな失敗を経験しています。けれども、そういう大成功、大失敗は、仕事の評価にそれほど大きな影響を与えません。むしろ、大成功・大失敗の後に「成功を続けられるか」「失敗を繰り返さないか」の方が重視されます。

1度限りの成功は〝まぐれ当たり〟です。1度だけの失敗は〝運がなかった〟だけのことです。大切なのは「その経験を踏まえて、次の仕事の成功確度を高めること」です。**「成功の再現性」を高めるための努力こそが、ビジネスにおいて最も重視されるのです。**

●評価されるのは全体の成功率

ビジネスの話から少し離れて、野球を例にとって考えてみましょう。バッターボックスに立ち、ある試合の勝敗を決するような重要な場面でヒットを打てるかどうかは、もちろんプロとして大切なことです。

しかし、野球選手として評価されるのは、その1回限りの打席で打てたかどうかではありません。シーズンを通してどれくらいの出塁率で、どれくらいの打点を稼いだか、です。目の前の試合の、目の前の打席「だけ」ヒットを打っても、データ上では、ただ1回のヒット、ただ1点の打点、ただ1回の勝利、それだけです。

一方で、仮に重要な場面の打席が空振り三振で終わったとしても、そこから得られた学びを糧にして、次の打席、あるいは、次の次の打席へと継続的にヒットを放ち続け、シーズン全体での打率を高めていくことで、野球選手としての評価は上がっていきます。

仕事においても、これは同じです。

それでは、一体どうすれば、仕事における成功確率をあげることができるのでしょうか？

Point

- **まずは、自分に何を求められているのかを明確にする。**
- **ビジネスにおいては、「成功の再現性」が求められている。**

「成功の再現性」を高めるために、勘・経験・度胸は不要か

◉KKDは業務から得る貴重な財産

勘・経験・度胸。KKDと呼ばれることもあるこの言葉、皆さんも聞いたことがあるでしょう。

業務経験を積むことで、いろいろな知識が身につきます。そして、そうした経験に基づく知識は、「勘」につながります。「確証はないけれど、なんとなく、そうなりそうだな」と思う、感じる。そういう感覚です。

「明日はお客様が少なそうだぞ」「来週はこのメニューが多く出るんじゃないか」「来月は新規のお客様が増えてくる気がする」「そろそろ、この機械の調子が悪くなってもおかしくないな」……など、ビジネスでの「勘」は、これまでの幾多の業務経験の

集大成です。

この勘という感覚は、自身の経験の中で、着実に組み上げてきた「独自理論」によって得られるものです。

そして、度胸。豊富な経験から獲得した勘、いわば決断の拠りどころがあるからこそ、当てずっぽうではなく、精度の高い判断のもと、えいやっと思い切りよく決断できるわけです。

こういう仕事の進め方を「勘・経験・度胸（KKD）」と呼びます。KKDは、豊富なビジネス経験によってはじめて得られる貴重な財産です。データを茫洋《ぼうよう》と眺めていても決して得られない知見です。

●あなたの勘・経験・度胸が通用しない理由

KKDに頼る仕事の進め方は、必ずしも悪いことではありません。積み重ねた経験、その中で得た知識を基にして磨き上げた勘は、単なる当てずっぽうとは違い、それなりの精度で物事を予測することができます。

「明日はお客様が少なそうだ」とあなたの勘がささやく時、おそらく「天気予報が雨だから」「給料日前だから」「数日後にセールが始まるから」など、その考えに至った確かな理由があります。

こうした予測は、自分の店が、雨の日にお客様が来ない店舗立地であるとか、嗜好品的性格を持つため給料日前やセール前には買い控えが起こりがちだ、などのノウハウを経験を通じて理解しているからこそ、可能です。

このようなノウハウに基づいて、何かを予測し、それに応じて打ち手を変えるのは、極めて自然なことです。過去の成功体験・失敗体験をもとに、成功の再現性向上に貢献していると言えます。

しかしながら、そうしたノウハウは、経験が足りない状態では、なかなか身につけることができません。経験豊富な人であっても、別の店舗に異動したりして環境が変わると、過去の勘や経験をそのまま適用することは難しくなります。また、出世して管理職になり現場を離れて数年経った場合には、現場の状況が当時と変わってしまって、現場にいたころの勘や経験が通用しないということも起こります。

そういう「勘と経験が、そのまま通用しない状況」であるにもかかわらず、過去の自分の知見に固執して判断を下してしまうと、大きな失敗につながるリスクがあります。

Point

- ＫＫＤは単なる当てずっぽうではなく、それなりの精度で物事を予測できる。
- 一方で、経験不足や、現場状況の変化などによって、ＫＫＤが通用しない場合もある。

KKD+データでスピードと精度を両立させる

◉「KKDに頼らない」と時間がかかる

一方で、KKDには一切頼らないと決めると、それはそれで、別の問題に直面することになります。それは「判断に時間がかかって、間に合わない」ということです。ありとあらゆる情報を手に入れて、それを基に考える。理論立てて、順序よく物事を整理しながら、どういう判断を下すべきなのか吟味する。そういうステップを踏めば、判断の精度を高めていくことができます。

しかし、コンビニの仕事で明日のおにぎりやお弁当の発注量を決めるとか、飲食店の仕事で来月のアルバイトのシフト人数を決めるというような、日常的に発生する判断に、その都度、何時間もかけることはできません。

判断の精度は確かに重要なものですが、判断のスピードも同様に重要です。

では、どうすれば良いのでしょうか。

●データを用いて、勘と経験を補強する

その答えが、「データを用いて、勘と経験を補強する」ことです。

勘と経験の速度を維持しつつ、データを用いることで判断の精度が落ちないように担保するのです。

たとえば、「雨が降ったらお客様が減る」という知識があるとします。その知識の正しさは、過去の雨の日の来店客数と、それ以外の日の来店客数を比較することで検証できます。一般的に、お客様の数は天気だけでなく、曜日や祝日等の影響を受けます。また、「2月は少ない」とか「12月は多い」など、季節変動も大きな要因の1つでしょう。

そうした中で「雨が本当にお客様の数に影響しているのか」「影響しているとしても、どのくらい強く影響しているのか」などをデータから導き出すことが可能です。

データによる確認の結果、「雨かどうか」ではなく、「雨が一定以上の強さかどうか」

で考えたほうが客数予測に適している、という結論に至るかもしれません。

そのようなことを、データを見ながら考えることができれば、あなたの勘は最新のものにアップデートされます。この勘は、少なくとも数カ月や数年程度は有効でしょうから、その間は勘に基づいた迅速な判断を、精度高く行うことができるでしょう。

もちろん、ある程度の時間が経った後には、改めてデータを見て、自らの勘の正しさを確認していく姿勢が求められます。

●「勘をデータに基づく理論」として形式化する

こうすることで、勘は単なる経験則を脱し、データに基づく理論として再構築されます。この理論は「周囲に共有可能な形式知」として扱うことが可能です。

一般的に、勘や経験が嫌われるのは、それが暗黙知として、ある人の脳内にだけ存在するからです。誰かの脳内にある判断基準は、いくらそれが優れたものであっても、組織全体への貢献は、極めて限定的なものにとどまります。

しかし、データを用いることで、一度「形式知」として明文化されれば、これは、多くの人が利用可能な技術になります。若手を指導したり、新たに異動してきた人に伝えたり、そういう目的に活用することができます。

形式知が拡散され、再利用されていくと、それぞれの現場で、別のデータを用いて形式知が再検証されていくことにつながります。そうすると、「雨の影響」が店舗ごとに異なることがわかるでしょう。また、雨の日に売れる商品の違いなどについても、理解が進んでいくことになります。そして、そうした他店での知見は、巡り巡って自分の店舗の改善のために活用できるはずです。この好循環を作ることができれば、「組織として、判断の質とスピードを両立させている」と胸を張って宣言することができます。

Point

- **データによる判断は、精度は高いが時間がかかる。**
一方、勘による判断は迅速だが、環境変化につれて精度が落ちる。
- **勘の精度は、データに基づく一定期間ごとのアップデートで維持できる。**

データによって人間の思考が強化されるデータインフォームド思考

◉データに頼り切るのではなく、データをうまく取り入れる

Data Informed（データインフォームド）という言葉があります。私の所属する株式会社ギックスが、パーパス（会社の存続目的）の中で掲げている言葉です。

これは、「データから自動的に答えが導き出せる」という考え方ではなく、「データによって判断者である人間の思考が強化される」という考え方です。

ご存じの通り、機械学習、ディープラーニング、ＡＩなど、「機械によるデータ処理」を表現する言葉はたくさんあります。そして当然ながら、機械による判断が適しているシチュエーションも数多くあります。従って、必ずしも「すべての判断に人間が介在すべきである」とまでは思いません。

たとえば、デジタル広告の配信は、非常にたくさんのエンドユーザーに対して、多種多様な広告情報をマッチングして提供しています。また、その際に、広告の掲載金額をオークションのように処理して、広告主の設定した単価とつきあわせながら、適切な広告を選び取る、というような手続きも行われます。このような複雑な処理を、1秒間に何千件、何万件のリクエストに対して、ミリ秒単位で実行していくことは、人間にはできません。こうした処理は「機械が行うべき処理」です。人間が介在する余地はありません。

◉意思決定は、機械に任せず人間が行う

一方で、顧客が求める新しいサービスを考えて開発するとか、新たに社員を採用するとか、会社の売上予算を決めるとか、どこかの会社を買収するとか、そういう判断をしようとする時には、機械に任せることはまずありません。もちろん、機械によって判断材料となる情報を処理することはあります。しかし、こうした重要で、また、年に数回しかないような判断は、機械任せにせず人間が決めます。

なぜ、そうなるのか。大きくは2つの理由によります。

1つめは、インプットデータが足りないから。そして2つめは、正解がないから、です。

・インプットデータが足りない

機械に、何かを判断させようとするならば、そのために必要な情報をすべて揃えて渡す必要があります。インプットとして用意されていないものは使えません。もちろん、特定の条件を指定して機械に「判断に必要な情報」を世の中から探させて、それを基に考えさせるということも可能ではあります。しかし、少なくとも現時点では、その情報の精度を確認することは難しく、判断を任せることを躊躇します。

たとえば、小売店の店頭で、あるお客様が商品を買った時に「機嫌が良かったのか悪かったのか」を機械に判定させ、記録することは難しいと言えます。

そうした判定を行うことは、すでに技術的には可能です。だからと言って「コンビニの店頭にその判定装置を設置する」ということは、判定精度および投資対効果の観点から、おそらく行われません。同様のことは、お客様がどんな服を着ていたか、という情報でも同じです。

一方、このような情報を、人間は無意識に処理しています。「このお客様は、前回オムライスを頼んだ時に、少し残していたから、今回は少なめにしたほうがいいかな」というようなことを、データとして蓄積し、機械に判断させようとすると、莫大な投資が必要になります。「気が利いている」を機械に実現させるのは、なかなか大変なことなのです(もちろん、人間にも、気が利いている人と、そうじゃない人がいる、というお話はありますけれど……)。

いずれにしても、**インプットデータを十分に用意できない状態では、機械に判断を委ねることはできない**と言えます。

・正解がない

仮に、必要な情報がすべて揃っていたとしても、機械にすべてを委ねることが難しい状況も多くあります。正解がわからない、存在しない場合です。

算数の問題のように、答えが一意に定まっているようなものは、機械がとても得意な領域です。人間よりも、速く、正確に答えを導き出してくれるでしょう。一方で、答えが定まらない、もしくは、終わってみても何がベストだったかわからない、というような場合は、機械にとって悩ましい状況になります（もちろん、人間にとっても悩ましいのですが）。

こういう場合にも、似たようなシチュエーションが過去に多くあれば、機械は、そこから「これが良さそうだ」というものを導き出すことができます。あるいは、過去には起こっていない事柄であっても、これから先、試行錯誤を何度も繰り返すことができるなら機械は対応できます。

たとえば、先ほど例に挙げた「デジタル広告」は、多くの人にいろいろな広告を表示していくわけですから、これからどんどん試していけば、「どういう人に、どういう広告を見せると良いか」についてデータを蓄積していくことができます。そうすれば、時間の経過、つまり試行錯誤回数の増加につれて「これが正解だろう」というものを機械が導き出せるようになっていきます。

しかしながら、こういうアプローチは「回数が無制限にある」ことに加え、「対象が十分に多い」時にしか使えません。

たとえば、コンビニやスマホゲームなどであれば、利用者は非常に多くいますし、購買・利用の頻度もかなり高いため、企業からの提案内容がうまくハマらなかった際にも、再度、別の提案を試みるチャンスがあります。

しかし、自宅を購入する、というような話であれば、自分に合わない提案を受けたお客様とは、そこで関係性が終わってしまいます。不満を感じて一度離れると、二度と戻ってきません。しかも、家を買おうと検討している人は、コンビニに行く人に比べて極めて少数です。こういう、対象者が限られて頻度が少ない物事は、機械任せにはできません。

その他にも採用や人事異動など、対峙する人それぞれで状況が違い、かつ類似性が低く、また、本人の人生に大きく左右するものについては、機械ですべてを決めるということにはならないでしょう。

もちろん、人材採用時の書類選考は機械の力を借りるとか、異動先の候補を絞り込むにあたって過去の業務経験を機械で処理して優先順位をつけるとか、そういう活動は可能です。

しかし、最後の最後の判断は、やはり、人間の手の中に残ります。新商品開発や、組織変更、事業買収なども、人間が考えて最終判断を下すことになります。

Point

- 「気の利いた判断」は機械には難しい。
- 「正解がない」ものの判断は、人間が考える。

爆発的に増加するデータに機械と共に立ち向かう

◉とはいえ、データは爆発的に増えている

ここまで、機械（ＡＩ）には苦手なことがある、という話をしてきました。しかしながら、昨今の技術の進歩は著しいのも事実です。生成ＡＩなども出てきており、これから数年で、世界がさらに変貌を遂げていく可能性はあります。

また、先ほどから何度も申し上げているインプットデータの量と質の問題についても、今後、どんどん改善していくことは明らかです。

たとえば、バイタルデータ。心拍数や体温の変化は、Apple Watch や Oura Ring などによって日常的に取得され、蓄積されるようになってきています。また、その精度も、年々向上しています。

こうしたデータは、ほんの10年ほど前までは、病院などで特殊な器具を装着しなければ取得できませんでした。

人間の表情を読み取る技術や、声のトーンから感情を類推する技術も進んでいます。こうした情報は、従来は人間が感覚的に理解することしかできませんでした。また、それを逐一記録することも難しい情報だったと言えます。技術が進んでいく中で、面談中の相手の感情をタブレットに表示された顔文字を選ぶ形で記録する、などの仕組みもできました。その延長線上に、カメラで撮影した相手の感情を時系列で記録していくというシステムがあります。

あるいは、元々存在はしていたが、捨ててしまっていた情報を蓄積することも可能になってきました。パソコンやスマホの操作ログは、かなり細かいレベルで取得することができますが、以前は、それを蓄積することに難しさがありました。これは、蓄積するための記録媒体の容量に限界があったことに加えて、通信環境の問題もあり、実現のハードルが高かったわけです。

しかし、通信速度は大きく向上し、衛星回線なども実用化され、世界中のあらゆる場所で高速通信が可能となってきています。そうした回線を使ってクラウドにデータを保存すれば、一昔前では考えられなかったほどの低コストで、大量のデータを蓄積することができます。先ほどのバイタルデータや、感情データなども、こうした仕組みによって、比較的安価、かつ簡便に蓄積できるようになりました。教育データや購買データなどでも、まったく同じことが言えます。

このように、活用可能なデータが爆発的に増えていることを踏まえると、これから先、機械がより一層の進化を遂げていくのは疑いようがないでしょう。

●人間の手元に残るのは「人間がやったほうがいい」こと

しかし、その一方で、こうして増えたデータをすべて取り込んで機械に判断させるには、巨額の投資が必要になります。そのため、大きな投資をする意味がある領域から順に、機械が存在感を増してくると考えられます。つまり、機械が得意な領域から機械化が進むわけです。

そう考えると、技術の進歩によってインプットデータが潤沢になり、機械が進化していくことで、「人間がやらなくていい」ことは、機械に任せる未来が見えてきます。

一方で、「人間がやったほうがいい」、言い換えると、「人間がやったほうが安い」「人間がやったほうが早い」ことについては、人間の手元に残ると言えます。

このように書くと、まるで「つまらない仕事だけを人間がやる」かのように感じてしまうかもしれませんが、私はそうは思いません。

単純作業は機械が得意とするところですから、そうしたものはうまく機械に渡してしまいましょう。そして、人間は、インプットデータや類似ケースが足りなくて唯一解を導き出すことが難しい問題を、機械の力を借りながら判断していく役割を担うのです。

Point

- 機械のほうが早くて得意なこと、人間がやらなくていいことは、機械に任せる。
- 人間は機械の力を借りながら、最終判断をしていく。

機械にはできない、人間だけがたどり着ける場所

◉対話という強力なツール

すべてを機械に任せるわけではないものの、機械が人間のパートナーとして振る舞ってくれる世界は、そう遠くはありません。すでに、一部の領域では、人間の良き相棒として機械が活躍しています。

Amazon の Alexa や、Apple の Siri などもそうですね。ChatGPT に代表される対話型ＡＩは、世の中を大きく騒がせました。

彼ら（敢えて擬人化しますが）は、こちらの質問や頼みごとを受け取って、理解し、適切な返答（正確には、彼らが適切であろうと判断した返答）をしてくれます。

一方で、相手が答えられない質問や、うまく理解できない頼みごとをしても、彼ら

は良い返事を返してくれません。「わかりません」「できません」と断られたり、まったく頓珍漢な回答をしてきたりします。それを避けるためには、質問者・依頼者である私たち人間が、相手の得意なことを見極めて、相手の理解力に合わせた表現で、必要な前提情報をすべて並べた上で、良い依頼をすることが重要になります。

そう考えると、これは、人間に対する対応と同じであると気づきます。本来、お客様や取引先、社内の上司や部下、同僚などと対話する際にも、こうしたことを考えてコミュニケーションを取るべきです（テキストベースの生成AIが登場したことで、人間同士のコミュニケーションについて、考え直す機会が訪れるというのも皮肉な話ではありますけれども）。

相手がAIであれ、人間であれ、適切な質問や依頼を投げれば、相手から適切な情報が返ってくるのであれば、あなたの主な仕事は「返ってきた情報をインプットして、目の前の物事をより深く考え、判断すること」になります。

良い質問・依頼を投げて、回答を基に考える。

それが、とても重要な仕事です。

返ってきた回答・情報が、正しいかどうかを見極めることも必要です。また、データをそのまま使うのではなく、そこから何かを読み解いていく解釈力も求められます。こうした部分をいかにうまく行うか。それが、現代社会においてビジネス上の成果を得るため、また、その準備として成功確度を高めるために必要不可欠なものになってきています。

◉求められるのは「データとビジネスをつなぐ力」

こうした、AIや人との適切な対話を通じた仕事をしっかりこなすことのできる人材が持つべき能力は、いわゆる「データ分析ができる能力」とはまた異なります。

データ分析にまつわるスキルというと、多くの人が最初に思い浮かべるのは、PythonやRといったプログラミング言語能力や、TableauやExcelなどのデータ処理ツール、ビジュアライゼーションツールの操作能力でしょう。他にも、データベースを操作するSQLや、統計解析の知識を思い浮かべる人もいるかもしれません。

しかし、これらはデータ分析技術のごく一部に過ぎません。本来は「何が知りたいのか」を考え、「そのために、どういうデータを、どのように分析するべきか」「どういう集計結果を、どのように比較すれば示唆が得られるか」などを考えていくことがデータを分析する際に最も重要視されるべきことです。

このような知りたいこと、つまり、目的から考えることができれば、自ずと、分析結果をビジネス上の成果につなぐことができます。

こうした「データ分析の周辺スキル」、言い換えると「データとビジネスをつなぐ力」が、これからの時代に最も求められているのではないでしょうか。

次章からは、このあたりについて深掘りを進めつつ、再現性の高い成果創出を行うための思考法やテクニックについて考えていきます。

Point

- **私たちの重要な役割は、「良い質問・依頼」を投げて、回答を基に考えること。**
- **返ってきた回答が正しいかを見極め、それを読み解く力も必要不可欠。**

第2章

データ活用、ＤＸ推進における誤解

――あなたのデータ分析、データ活用がうまくいかないのはなぜか

「データを扱う技術」だけでは「データ活用」はうまくいかない

●あなたは「データを活用」できていますか？

データを用いて考える、データを活用する、そういう言葉を聞くと、多くの人は「データを扱う技術」のことを思い浮かべます。

当然ながら、データを扱う能力がなければ、そもそもデータに触れることができません。考えるための材料として、使うことができる形に加工することができません。データを扱う能力がなければ、データを用いて考えるための準備が整わないのです。

その一方で、いくらデータを上手に、そして素早く加工することができても、それだけで「データを活用できている」ということにはなりません。

ボールを投げるのがうまくても、野球ができるとは言えません。キック力が強くても、サッカーができるとは言えません。その時々の状況に応じて求められる役割を理解し、点を取るとか、しっかり守るなどの適切な行動が求められます。

データを扱う技術は、スポーツで言うところの、ボールをうまく投げる、強くボールを蹴ることができる、速く走れる、力が強い、などの能力に似ています。それがないのは問題だが、それだけあれば良いわけではない。そういう能力です。

では、他にどういう能力があれば「データを活用する」ことができるのでしょうか。

◉必要なのは「操舵輪」と「駆動輪」

それは、目的設定能力と、データの解釈能力です。

まず、データ活用の目的を設定し、その目的のためにどのようにデータを活用するかを考えることが重要です。これを怠ると、どれだけデータを加工しても、まったく意味がありません。

そして、データを加工して作成されたアウトプットの内容を理解し、そこから得られる示唆を導き出すことも必要です。そうしなければ、データ分析を「やっただけ」

「データ活用」に必要な2つの能力

クルマにたとえると、FR（後輪駆動）車の
「後輪＝駆動輪＝“作業能力”」
「前輪＝操舵輪＝“解釈能力”」です。

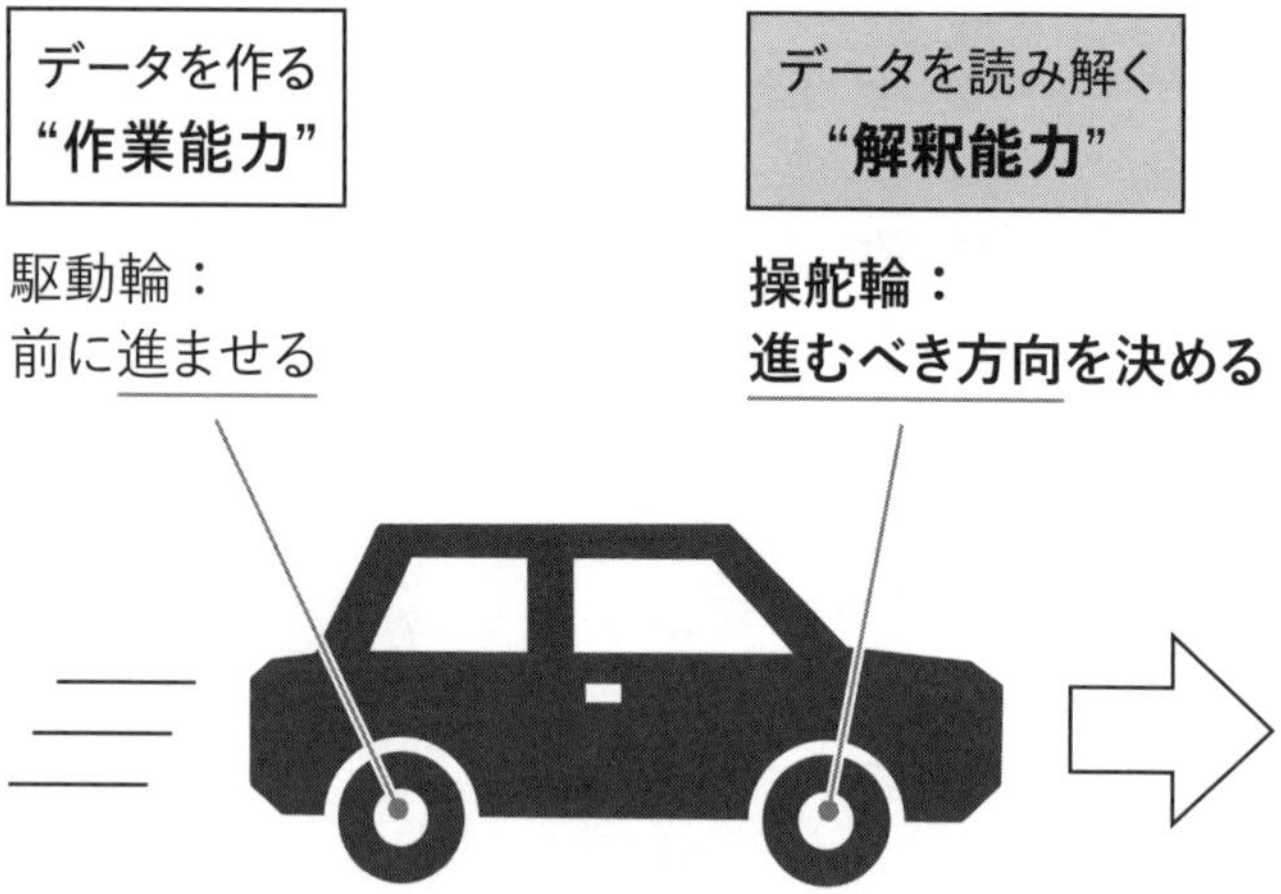

で終わってしまいます。つまり、データを扱う手前と後ろに「ビジネスとデータをつなぐ役割」が存在するのです。

こうした役割を、私は「操舵輪」と呼んでいます。ハンドルを切って方向を決める役割です。一方の、データを扱う力。これは「駆動輪」です。車を前に進ませるための動力源です。駆動輪がなければ、推進力がありませんから何も動きません。しかし、駆動輪だけでは行きたい方向に進むことはできませんし、場合によっては壁に激突してしまいます。

駆動輪と操舵輪の2つが合わさって初めて、データ活用がうまくいくのです。

Point

- **データ活用の目的を設定し、目的に向けてデータを加工する。**
- **加工したデータを読み解き、示唆を導き、解釈する、それこそが人間にしかできない「ビジネスとデータをつなぐ役割」。**

DXを検討する際に、その概念を理解しているか？

◉新しい言葉や概念に振り回されない

DX、すなわち、デジタルトランスフォーメーションにおいても、駆動輪と操舵輪があります。

DXを推進するというかけ声の下、さまざまな取り組みが行われていますが、それらの中には「目的が不明瞭」なものが散見されます。これは「操舵手がいない＝操舵輪が動かせない」状態です。どこを目指すのかを定めていないのに、ハンドルを操作することはできません。しかし、そういう状況にある会社やプロジェクトは少なくありません。

これは、DXに限らず、昔から繰り返されてきました。少し前だと「RPA（Robotic

Process Automation)」、もう少し前だと「ビッグデータ」が挙げられます。新しい言葉、概念が出てきて、目的を明確にしないまま取り組んでしまう。言葉が悪いのではなく、その言葉が指し示すこと、その言葉によって実現したいものを理解しようとせずに、表層的な部分だけに飛びついてしまうことが危険なのです。

たとえば、RPAはその前提としてBPR（Business Process Re-engineering）が行われることが期待されています。ロボット（機械）によって自動化する際には、まず、現在、人間によって実施されている仕事・業務の流れ（ビジネスプロセス）を把握し、無理・無駄をなくす（リ・エンジニアリング）ことが重要です。そうしなければ、複雑怪奇な仕組みの自動化プログラムが誕生し、誰もメンテナンスができなくなってしまいます。それは、RPAが目指す世界ではありません。

こういうことは、きっと今後もあるでしょう。大切なのは、トレンドワードが何であるかではなく、そのワードが目指す世界、実現したい世界がどんなものであるかを理解することです。

◉DXのゴールはビジネス変革

話を戻しましょう。では、DXの目的とはなんでしょうか。

DXが目指すのは、デジタル技術を用いてビジネスが変革(トランスフォーム)されることです。単にデジタル技術を使っても、DXではありません。単にデジタル技術を用いるだけの話であれば、デジタイゼーションや、デジタライゼーションという言葉がわざわざ用意されています。

DXの旗印の下で、無批判に「デジタル技術を使う」ことを推進するのは、手段の目的化と言わざるを得ません。「何のために?」ということに立ち返る必要があります。目的地を定め、そこに向かうためにハンドルをしっかりと握る必要があります。

一方で「ビジネスを変革する」のは簡単ではありません。非常にハードルが高い取り組みです。そのため、多くの人が、自分の職務領域、自分の担当業務とは関係がない世界の話であると考えてしまうのではないか、と私は思います。であるが故に、「D

Xに関わるためには、データ分析技術を身につけるしかない」と捉えて、SQLやPython、TableauやExcel技術を学ぶ方向に進んでいる、つまり、駆動輪だけを強化しようとしてしまっているのではないでしょうか。

しかし、実際には、そんなことはありません。ビジネス変革にはいくつかの種類があり、いくつかの階層があります。あなたの担当する業務領域においても、ビジネスを変革するチャンスはたくさんあるのです（繰り返しますが、先述したような「データを扱う技術」を学ぶことは素晴らしいことです。可能な限り、積極的に学ぶべきです。本項でお伝えしたいのは、それ〝だけ〟では足りないというお話です）。

Point

・新しい言葉や概念の「目的」を明確にしないまま取り組むのは意味がない。
・DX推進の下、デジタル技術の強化だけすれば良いわけではない。

ビジネス変革における業務機能は、種類×階層で捉える

●全社構造の中で、自身の立ち位置を捉える

ＤＸを推進するという掛け声に対応する中で、組織に所属する一人ひとりに求められる役割は異なります。

会社組織は、多くの社員によって構成されており、また、それぞれミッションの異なる部署や部門に分かれています。自分自身が所属する部署・部門が、どういう役割を担っているのか、また、自分自身がどのように振る舞うことが、全社最適の観点から望ましいのかを理解しておくことは、仕事を円滑に進め、成果に向けた最短距離を走るために極めて重要です。

ここからは、データを用いてビジネス変革・業務変革を行っていくにあたり、社内

にどのような業務機能があるのかについてご紹介します。実務に当たる方は、ご自身の立ち位置を確認し、どういう役割を果たすべきなのかを考えながらお読みいただければと思います。マネジメント層の方は、自社組織と照らし合わせて、機能配置の再検討にお使いいただければと思います。

●業務機能は、戦略と実行（横軸）と、ビジネスとデータ（縦軸）

デジタル技術を用いたビジネス変革は、大きくは戦略（Strategy）と実行（Operation）の2種類に分けられます。

そして、その戦略と実行は、ビジネス推進能力によるものからデータ運用能力によるものまで、複数のレイヤー（階層）に区分されます。

戦略領域において検討されたデジタル活用の方針は、実行領域において具現化されます。

戦略領域は、戦略を考え、企画を立案していく取り組みです。最上流の「経営戦略」から「事業戦略」「デジタル活用企画」「システム・アーキテクチャ設計」「データベー

ビジネス変革のための業務機能

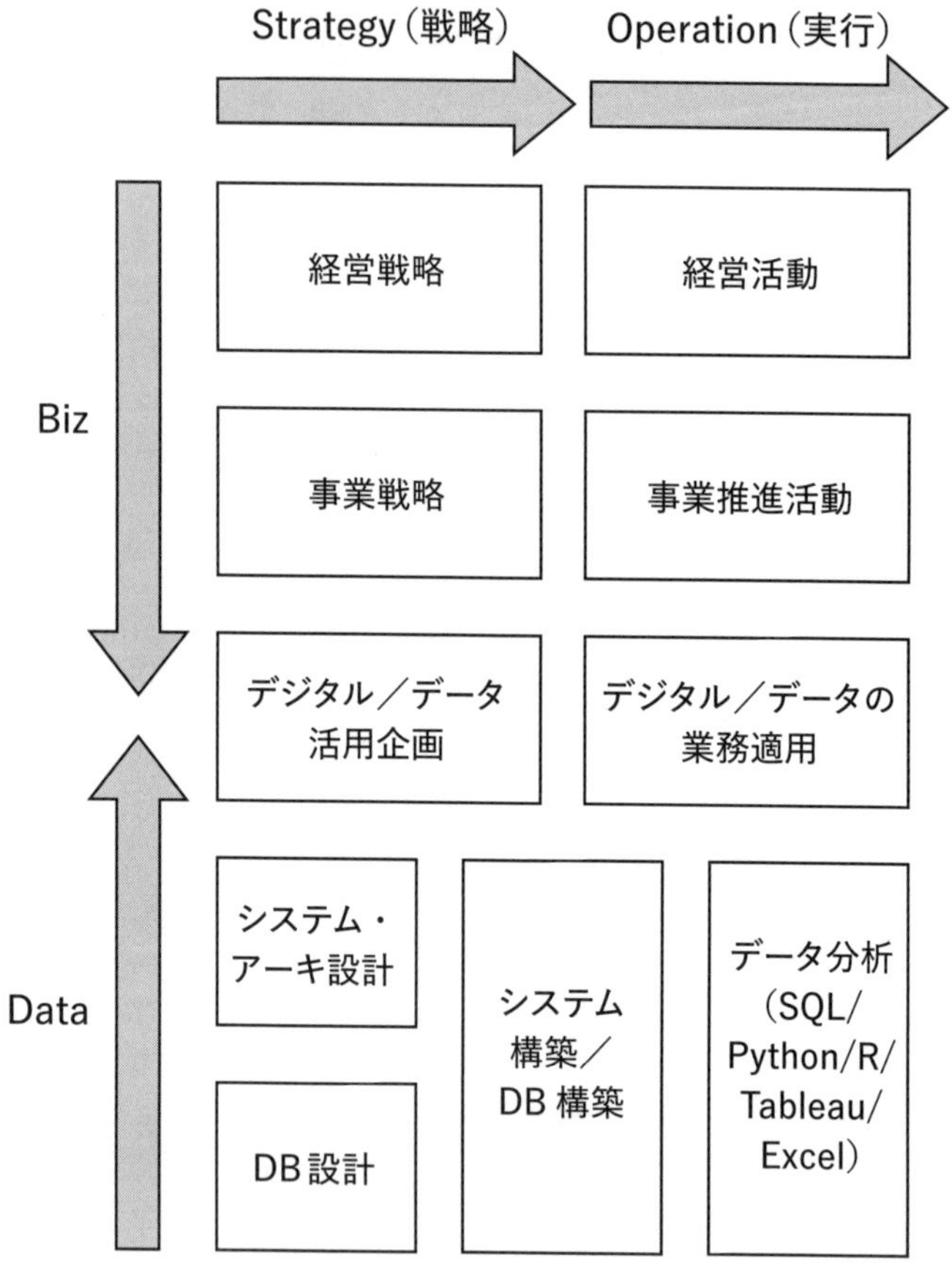

ス設計」という順で、データ領域に近づいていきます。

「経営戦略」で自社の方向性を定め、「事業戦略」で自社が推進する事業をどのように成長させていくかを考えます。そのために、デジタル技術をどのように活用していくのかを検討し、それを具体的な企画案に落とし込むのが、「デジタル活用企画」です。この「デジタル活用企画」領域が、「DX」において注目を集めています。

デジタル技術を用いて、どんな素敵な未来を描けるか。デジタル技術を用いた新しいサービスはどのようなものか。それを自社で行う必然性と、自社が行って成功する蓋然性《がいぜんせい》を踏まえて、デジタルの活用方針を定め、デジタル技術を用いたサービスを企画します。

また、その裏側で「データ活用企画」も進みます。デジタル技術を用いる際には、並行して生成・蓄積されるデータの活用も検討されることが多いためです。

ここで定められた方向性に従って具体的なサービス設計が進み、それを実現するにあたって「システム・アーキテクチャ設計」が行われます。どういう技術要素を組み合わせて、そのサービスを実装していくのかが定められます。そして、その一部として、取得・蓄積・加工・分析を行う一連のデータ群を「データベース設計」に落とし込みます。

◉ビジネス変革における、あなたの立ち位置は？

実行領域では、戦略領域の各レイヤーに対応した、実行業務が存在します。経営戦略に対応するのは「経営活動」です。経営陣、いわゆる役員が会社の舵取りを行います。各事業、各組織の状況をモニタリングしながら、重要な意思決定を全体最適の観点で判断しながら、方向性に問題がないか確認します。

事業戦略に対応する実行業務は、「事業推進活動」です。大半の会社員・組織メンバーは、この領域に従事しています。事業戦略に基づいて、日々、事業を運営する役割を担っています。具体的には、新たな商品を開発したり、営業職としてお客様の要望を聞いたり、接客職としてサービスを提供したり、工場で商品をつくったり、必要な物品を届けるために倉庫業務や配送業務を行ったりしています。まさに〝事業を推進する仕事〟です。

翻って、データレイヤーに目を向けると、システム・アーキテクチャ設計、データベース設計には、これを実現するための「システム構築・データベース構築」という業務があります。また、構築されたシステム・データベースを用いて、そこに蓄積されたデータをうまく分析し、実ビジネスにつなぐ役割を担う「データ分析」業務が必要となります。

この領域においては、SQLでデータベースを操作したり、そこから抽出されたデータをPythonやRといったプログラミング言語で処理したり、TableauやExcelなどのデータ処理ツールでビジュアライズしていくという〝データを取り扱う仕事〟を行っていきます。

本来、この〝データを取り扱う仕事〟と先ほどの〝事業を推進する仕事〟の間には、「データを理解してビジネス成果につなぐ仕事」が存在しています。すなわち「データの業務適用」です。

この仕事こそが、デジタル活用の鍵、つまり、DX成功の鍵です。

しかしながら、多くの企業がDXに取り組む中で、実行領域において注目が集まっ

DXで重要なのはデータを業務に適用する能力

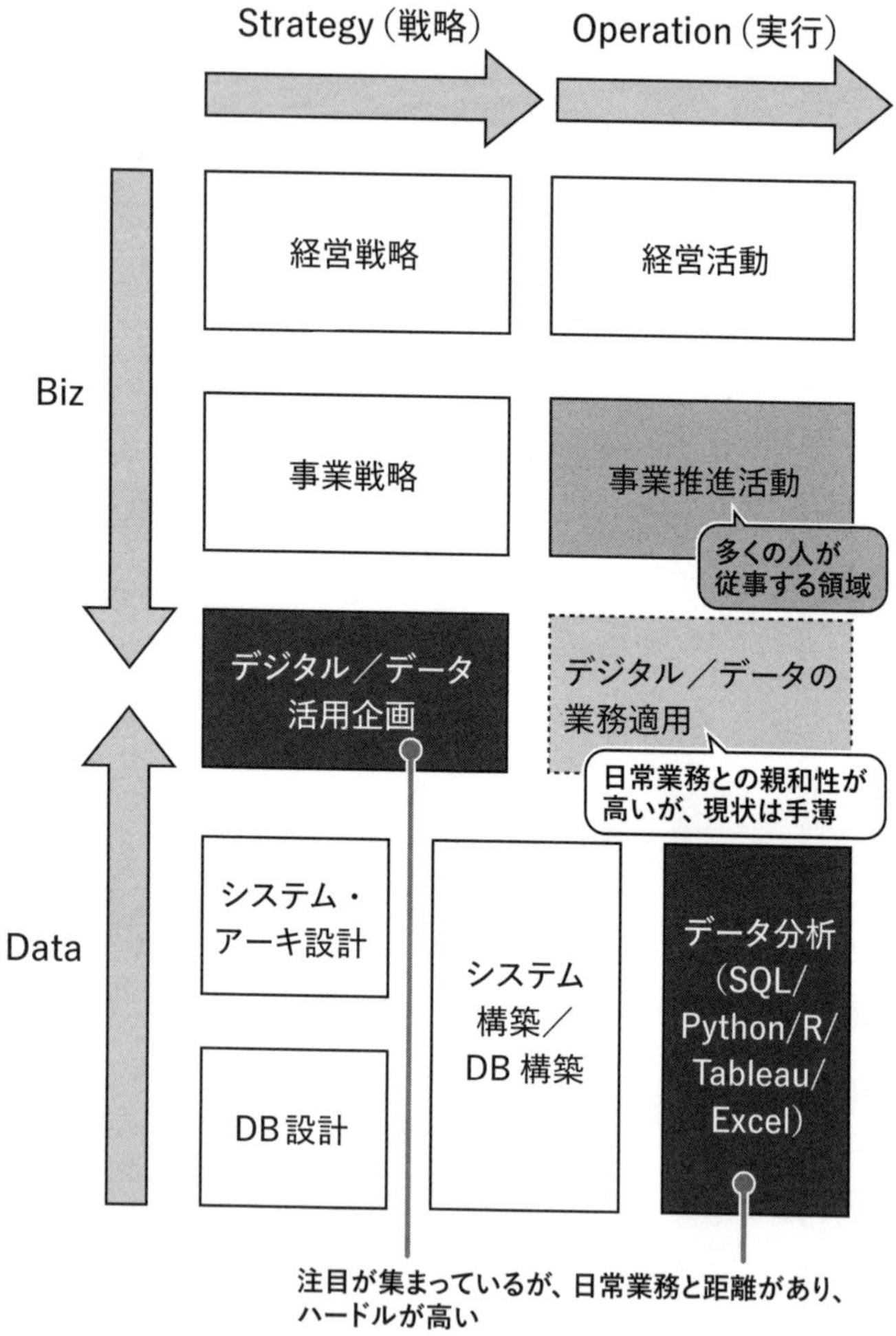

ているのは、〝データを取り扱う仕事〟である「データ分析」すなわち、ＳＱＬやPython、Tableau、Excelといった分析スキルやツール操作スキルです。

また、先述した戦略領域においては、ＤＸは「デジタル／データ活用企画」に焦点が当たっています。つまり、現状のＤＸは、「デジタル技術／データを使って新しいビジネスを作ろう」「デジタル技術／データを使って大きな変革を起こそう」という話と、「上手にデータを取り扱えるようになろう」という話に注目が集まり、「データの業務適用」という、非常に重要な部分が手薄になっていると言えます。

ここからは、特に「データ活用企画」「データの業務適用」に焦点をあてて話を進めます。

Point

- **多くの企業は「データ分析」に注力していて、「データ活用」の観点が手薄。**
- **ＤＸ成功の鍵は「データを理解してビジネス成果につなぐ」こと。**

「データの業務適用」は、DXの本丸

●ビジネスパーソンが注力すべきは「データの業務適用」

「データ活用企画」は、目指すべき目的地の設定です。「データ分析」は、駆動輪です。そして、「データの業務適用」が操舵輪です。

何度も述べているように「データ活用企画」は極めて大切です。これがなければ、DXの試みそのものが成立しません。また、SQL、Python、R、Tableau、Excelなどの「データ分析」スキルも大切です。しかしながら、大半の社会人が日々従事している「事業推進活動」と、それらの領域は直接的にはつながっていません。

営業業務や販売業務、物流業務に携わっている方が、いきなり「どうやってデジタル技術でビジネスを変革するのか考えろ」と言われても、何から手をつければ良いものか戸惑ってしまいます。また、そうした方が「データベースを使えないとダメだ」「目の前のデータを集計して、パパッとグラフ化できるようになりなさい」という指示を出されても、ハードルが高くてうまく取り組めないケースが多いでしょう。

毎日毎日、さまざまな現場状況に触れ、現場の実態を把握し、その中でいろいろな判断をしている多くの社会人・会社員が注力すべき領域は「データの業務適用」であると私は考えます。

日々の業務を大きく変革していくために、デジタル技術を用いる。その際、蓄積されたデータを用いて業務を最適化・整流化し、より多くの売上を得たり、コストを下げて利益を創出したりする役割を担うのは、現場に精通した「事業推進活動」の従事者であるべきです。

プログラミング言語やビジュアライゼーションツールを用いると、そのアウトプットとして「分析結果」が導き出されます。しかし、その分析結果が「何を知るためのものなのか」が明確でなければ、すべての分析作業は徒労に終わります。分析に際しては、「どういう結果であって欲しいのか？」という仮説があるべきです。

たとえば、

・他店に比べて売上が伸びない店舗がある

という問題意識があるとします。その時に、

・この店は駅前店だが、他店のうち、大きく伸びているのはロードサイド店ではないか（仮説：立地の違い）

・他店はファミリー客が主体だが、この店は、単身層・若年層が多く来ていて品揃えがマッチしていないのではないか（仮説：客層の違い）

・他店は平日昼間の需要がかなりの割合を占めているが、この店の利用客は週末に集中しているのではないか（仮説：利用時間帯の違い）

というような「仮説（仮の答え）」を持てれば、これらを、データを用いて検証していくことができます。

こうした検証作業を行うにあたって、プログラミング言語やビジュアライゼーションツールは非常に有用です。

しかし、このような仮説もないまま、「とりあえず売上データを集計してみました」、「週次の売上推移を半年分並べてみました」、「それをエリア平均と比べてみました」というような分析を行っても「この店は、他店よりも伸びていない」ということがわかるだけです。原因を理解し、改善策につないでいくということにはなりません。

そのほかにも、

・あるカテゴリの商品の売上が急激に落ち込んでいる
・新商品を投入したが、思ったほど売れていない
・特定の商品だけ、一部のエリアで定期的に品切れが発生している
・競合が新サービスを出してきたが、大負けしている地域と善戦している地域がある

など、似たような課題に直面することはたくさんあります。

このような時に、現場業務に従事している人たちならば、「この課題には、こういう原因があるんじゃないか」といくつかの仮説を思いつくはずです。

そうです。これこそが、まさに勘と経験に基づくものです。蓄積された経験によって養われた勘がものを言うのです。

◉「データの業務適用」を怠ると、使われない仕組みができあがる

もちろん、こうした現場業務の改善活動だけでなく、ＤＸの本丸である「データ活用企画」の受け皿としての「データの業務適用」も極めて重要です。

たとえば、

・お客様の購買情報に加えて、来店時の服装や会話内容などを記録して、次回来店時のコミュニケーション改善を行い、ロイヤルティ向上・ファン化を促進する

というアイデアが「データ活用企画」から生まれてきたとします。

アイデアとしては悪くない（むしろ、ありきたり）かもしれませんが、このアイデアを「事業推進活動」の観点から見ると、

・お客様の服装や、会話内容をどのタイミングで、どうやって記録するのか（データ取得の問題）
・急に来店された時に、過去の情報を呼び出すことができないのではないか（データ利用の問題）
・そもそも、自社の取り扱う商品・サービスが、そうした情報を使った接客内容の品質向上によって、本当に満足度向上および、クロスセルやアップセルなどの売上につながるのか（無駄な作業が増えただけ、で終わるリスク）

など、考えるべきポイントがいくつも出てきます。

データの記録については、服装を写真や動画で撮影し、会話内容は録音してＡＩによる文字起こしをするなど、「デジタル技術を活用した手段」もあります。しかし、

・個人情報をどう扱うべきか
・文字起こしされたとしても、それをスタッフはいつ読むのか
・撮影された服装の画像や動画を、スタッフが目で確認するのか
・服装情報は「赤い上着」などの抽象度の高い情報にしておくほうが使いやすいのか、ブランド名や品番、型番など具体的な情報のほうが使いやすいのか……

などについて、実際の業務に即した形で検討し、設計する必要があります。

データの取りやすさを重視すると、会話内容ではなく、お客様の口調や態度、表情などから「ニコニコ」「普通」「不機嫌」「怒り」の４段階の顔文字を、スタッフが選んで入力する、などのやり方も考えられます。

しかし、その粒度《りゅうど》の情報が、次回来店時のコミュニケーション改善に役立つのでしょうか。また、入力する担当者が、忙しい業務の中で、あまり深く考える余裕がないまま「普通」か「ニコニコ」を押す、ということになってしまうかもしれません。そうなると、データの信頼性が著しく低下し、蓄積する意味がなくなってしまいます。

こういう仕組みは、ホテルや完全予約制のレストランなどの「あらかじめ来店がわかっている」業態ならば有用でしょう。あるいは、来店時に会員カードを読み取るような流れがあれば活用できそうです。たとえば、百貨店の化粧品売り場などでしょうか。

このような「再来店」を前提にした職場においては、お客様の情報を担当者個々人の頭の中にある勘と経験のままにしておくのではなく、データベースに蓄積し、利活用を推し進めていくべきでしょう。

その一方で、チェーンレストランや、ドラッグストア、家電量販店など、特に予約することもなく、多くのお客様がひっきりなしに訪れる業態では、こうした仕組みの導入効果は見込みにくいと言えます。お客様を特定し、個人として認識できるタイミングは会計時になりますし、そのタイミングでクロスセル・アップセルを試みるのは困難で、せいぜい「割引の提供」くらいの施策になります。それならば、通常のポイントカードシステムで十分ということになります。

このような状況で、無理矢理に最新技術を駆使した画期的な顧客情報登録システムを導入しても、現場は「無駄な作業・余計な仕事が増えただけ」と捉えてしまい、正確な情報が集まってきません。「仏造って魂入れず」という言葉がありますが、「システム作ってデータ入れず」は本当にお金と時間の無駄遣いです。

こうした悲劇をなくすためにも、「事業推進業務」に従事する人々が、「データの業務適用」の観点を持つことが重要なのです。

Point

- 業務変革の舵取りは、現場に精通した人がやるべき。
- データ分析は、仮説を補強する目的で行うもの。
- 仮説（目的）が明確でないデータ分析は、成果につながらない。

データを用いて判断すると、「会議室で事件を起こす」ことができる

◉現場にいてもいなくても「同じ情報を用いて判断する」を目指す

「データの業務適用」を推進していく中で、とても重要な考え方があります。それが「会議室で事件を起こす」です。

これまでご紹介してきたように、蓄積されたデータを使う際には、既に獲得した勘・経験を、データで検証するというアプローチがお勧めです。これは勘・経験が、特定の個人の中にだけ存在していたり、その正しさが時間の経過によって失われてしまっていたりすることを検知し、アップデートすることにつながります。

この考え方が全社的に浸透すれば、現場にいる人も、現場を離れて本社の会議室にいる人も、「同じ情報を見て、同じように考えて、同じように判断を下す」ことができ

るようになります。これが「会議室で事件を起こす」です。

お台場あたりが舞台になった、やや懐かしい刑事ドラマのことを思い出した方がいらっしゃるかもしれませんが、まさにあの場で起きていた議論です。必ずしも、現場に権限委譲することだけが正解ではありませんが、会議室で事件を起こすことができれば、組織運営はより円滑になり、課題への対処もスムーズになります。

●現場と同じ情報を共有できる「情報フローの構築」

一般的に、会社の階層構造は、現場、ミドルマネジメント、トップマネジメントの三層構造で捉えることができます。

現場は、日々、目の前の業務を遂行している中で見聞きしたこと、感じたことを経験として自分の中に蓄積していきます。そして、判断をする際には、自分が見えていることと、知っていることが「すべて」であると考えて判断を下すことになります。

ミドルマネジメントは、そうした現場からの報告を受け、それを判断のインプットにします。また、自分が過去に現場にいた頃の知識や経験も判断材料に加えます。この際、複数の現場担当者から報告が上がってきていますから、現場のメンバーに比べると広い視野を持つことができます。

トップマネジメント、いわゆる経営層は、ミドルマネジメントから受けた報告が、判断の際の最大のインプットになります。

いま、現場ではどんなことが起きていて、何が課題なのか。その課題にはどういうふうに対処していこうとしているのか。そういうことを、ミドルマネジメントから上がってきた報告を基にして考えていくわけです。もちろん、過去に現場経験があるトップマネジメント、たとえば、現場たたき上げの営業担当役員などは、自分が現場で営業をしていたころの経験や、スーパーバイザーとして店舗を指導していた経験、営業部長としてチームを指揮していたころなどを思い出して、その経験を基に勘を働かせることもあるでしょう。

また、ミドルマネジメントよりもさらに広い範囲の情報、業界動向や他社事例、社内の別の職能領域（たとえば、営業に対する製造や物流、研究開発など）の事情などにも鑑みながら、複雑な判断を下していくことになります。

これはつまり、「現場に行くほど情報は新鮮だが見えている世界が狭く、マネジメントレイヤーが上がるにつれて視野は広くなるが情報の鮮度が落ちてしまう」ということです。これがまさに「事件は、現場で起きてんだ！」状態です。会議室は、情報が足りないため、適切な判断を行うことができません（まさに、お台場の刑事ドラマで問題になった状況そのものです）。

ここに、**正しい情報フローを構築し、あらゆる階層で同じ情報を基にした業務判断ができるような状態に持ち込めれば、「会議室で事件が起きる」**ようになります。

まず、現場の情報が、タイムリーにミドルマネジメントおよびトップマネジメントに共有されることが理想です。そうすることで、ミドルマネジメントもトップマネジメントも、現場と同じ鮮度の情報を見て考えることが可能になります。

こうなると、現場からミドルマネジメントへの報告も、ミドルマネジメントからトップマネジメントへの報告も、大きく変わらざるを得ません。報告するほうも、されるほうも、まったく同じ情報が手元にありますから「その店の売上がどうなっている

現場とマネジメント層の情報の乖離

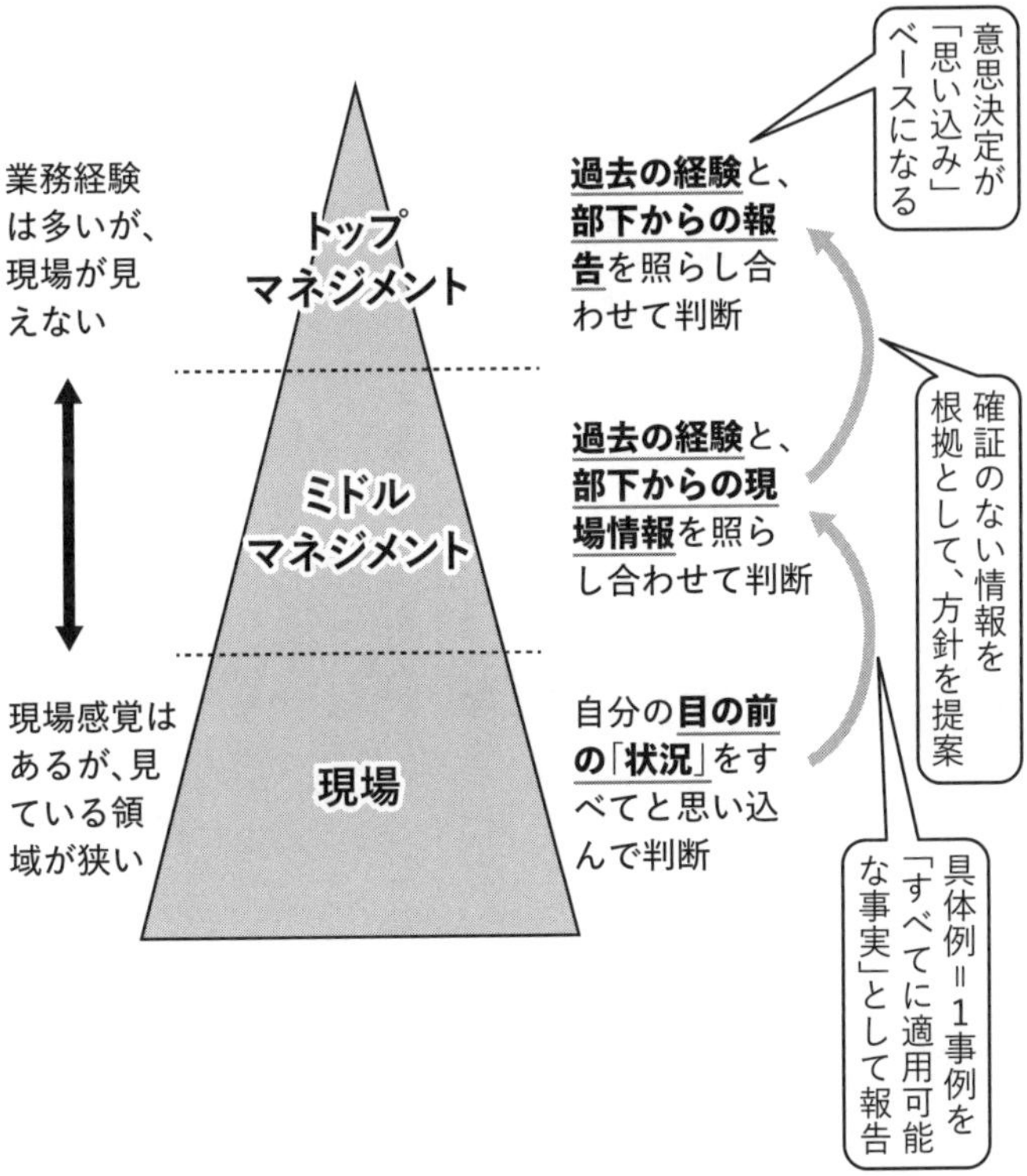
業務経験は多いが、現場が見えない
トップマネジメント
過去の経験と、部下からの報告を照らし合わせて判断
意思決定が「思い込み」ベースになる
ミドルマネジメント
過去の経験と、部下からの現場情報を照らし合わせて判断
確証のない情報を根拠として、方針を提案
現場感覚はあるが、見ている領域が狭い
現場
自分の目の前の「状況」をすべてと思い込んで判断
具体例＝1事例を「すべてに適用可能な事実」として報告

か」のような事実は、報告する必要すらありません。それは、全員がすでに知っていることなのです。

そこで報告されるべきことは「なぜ、売上がそういう変化をしているのか」についての考えであり、「どんな課題があるのか。どういう原因でそうなっているのか」についての考えです。こうした考え、つまり〝仮説〟が報告として共有されると、マネジメント層は、たとえ現場から離れて久しくとも、かつての豊富な業務経験の中で培った勘と、幅広い拠点やエリア、部署などを見てきた広い視野によって、現場階層とはまた違った〝仮説〟を考え出し、それを元に議論する姿勢になります。

データという最新の現場情報があるのですから、勘・経験が古びてしまうことはありません。現場からトップマネジメントに至るまで、あらゆる階層が常にＫＫＤを最新状態にアップデートし続けることができるわけです。

また、これを可能とする情報フローができているならば、(閲覧権限の管理は必要ではあるものの) 現場が他店舗・他支店・別工場などの〝別の現場〟の情報を高い鮮度で得ることも可能になります。これは、現場の視野を広げることにつながります。

理想的な「情報の流れ」と「情報の活用」

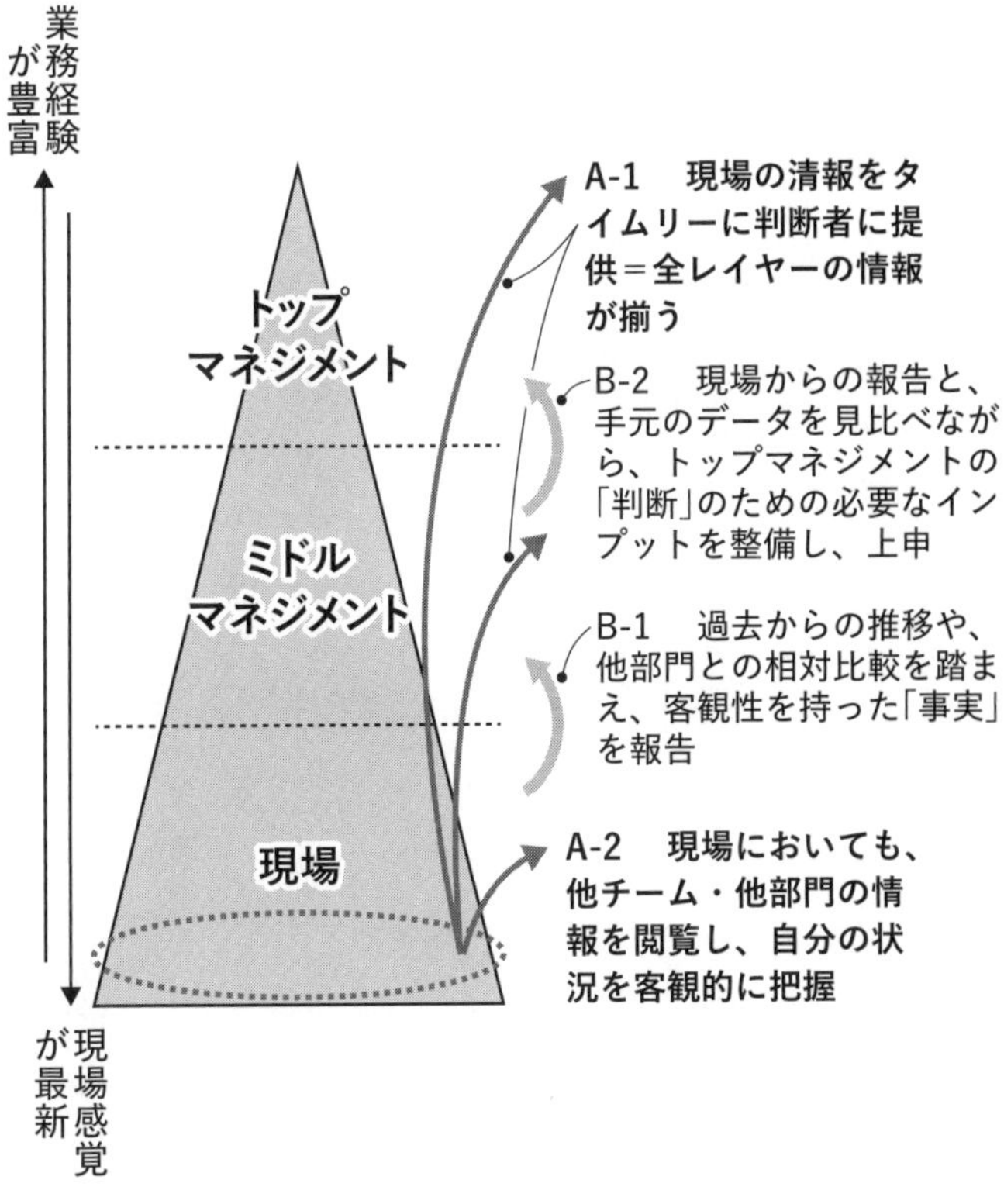

業務経験が豊富
現場感覚が最新
トップマネジメント
ミドルマネジメント
現場
A-1　現場の清報をタイムリーに判断者に提供＝全レイヤーの情報が揃う
B-2　現場からの報告と、手元のデータを見比べながら、トップマネジメントの「判断」のための必要なインプットを整備し、上申
B-1　過去からの推移や、他部門との相対比較を踏まえ、客観性を持った「事実」を報告
A-2　現場においても、他チーム・他部門の情報を閲覧し、自分の状況を客観的に把握

現場が自ら「他の現場と自分の現場がどう違うのか」を知ることは、日々の業務の精度を高めることに役立ちます。自分の店だけ売上が低い、自分の工場だけエラー率が高い、他の支店は月変動が少ないが自分の支店は毎月激しくブレている。

このような情報が手に入ると、優秀な社員は、「なぜ、そんなことになっているのか」「それは仕方がないことなのか、解消すべきことなのか」「どうすれば解消できるのか」などを考え始めます。

「会議室で事件を起こす」だけではなく、「現場が積極的に会議室の意思決定に関与する」が実現されるのです。

Point

- **すべての階層で「現場と同じ鮮度の情報」を共有できれば、現場から離れていても、現場の課題が見えてくる。**
- **データの共有により、自身の現場で起きている課題の早期発見につながる。**

データから成果を生み出す、という意識を持つ

◉データ活用は「普通」のこと

データ活用というと、多くの方は「なにか、新しいことをやらなければならない」と考えます。しかし、ここまでお読みいただいた皆さんは「特段、難しいことを言っていないぞ」「なんだ普通のことじゃないか」「そんなことならとっくにやっている」などとお感じになったのではないでしょうか。

実際のところ、「データ活用」の考え方や概念としては、特に新しいことは何もありません。普段、皆さんが業務の中で取り組んでいることを、もう少し強化する、ということから始めれば良いのです。

もちろん、高度な統計処理や、いわゆるＡＩと呼ばれる機械学習モデルを活用した

情報処理も存在します。そうした処理を行った結果、「このように判断したら良いのではないか」という機械によるお勧め案（リコメンデーション）を出すこともできます。しかし、繰り返し申し上げてきた通り、こうしたアウトプットを用いて判断するのは、人間の役割です。

◉日々の業務にうまく「データ」を加える

データ活用の目的は、ビジネス上の成果の獲得です。成功の再現性の向上です。きれいなグラフを描くことでも、素晴らしい機械学習モデルを作り上げることでもありません。

そうしたことは手段としてはとても重要です。しかし、すべての取り組みは、ビジネス上の成果、端的に言えば売上が増えるとか、コストが下がるとか、そういうことに紐づいていかなければいけません。

ビジネス上の成果を求める際には、ビジネス感覚が必要になります。

多くのビジネスパーソンが、いままで当然のように行っていた日々の事業推進活動に、データというスパイスを上手に加えることを目指しましょう。事業・業務という料理をよりおいしく変化させてくれるために役立つのがデータです。スパイスだけ舐めていてもおいしくありません。

そのように考えることで、データ活用の目的は明確になり、ビジネス判断をより高度で正確なものにし、成功の再現性を高めるための強力な武器としてデータが活用可能になります。

次章では、そのデータ活用の主力たるビジネスパーソンの振る舞い方について、考えていきます。

Point

・データ活用とは、きれいなグラフを描くことでも、新たなデータシステムを構築することでもない。
・データ活用とは「目的達成に向けた筋道をデータで補強する」こと。

第3章

人間が主役のデータ活用

——〝ビジネス人材〟だからこそ可能なデータインフォームドな思考法

求められるのは「データ分析スキル」ではなく、「データとビジネスをつなぐ力」

●Data Scientistとデータサイエンティストは違う

前章で述べたように、データ活用を成功させるためには、脚光を浴びている分析スキルだけでなく、ビジネスにつなぐ力が必要です。分析スキルによってデータ活用を前に進ませる（駆動する）ことに加えて、業務上のニーズを理解し、そのために役立てる（操舵する）必要がある、というお話です。

この両方を兼ね備えているのが理想的な人材なのですが、こういう人材を育成するのは極めて困難です。ビジネスに明るく分析技術が身についている人材は、駆動輪と操舵輪の両方の役割を兼ね備えた、まさにスーパー人材です。

データサイエンティストという職種が、脚光を浴びています。もちろん、脚光を浴びようと浴びまいと、そういう職種はずっと存在し、そして変わらず活躍し続けているのですが、一時期は「データサイエンティスト1000名体制」などの言葉が新聞の紙面を賑わせていました。

この「データサイエンティスト」は、米国由来の言葉で英字表記では「Data Scientist」となります。このData Scientistは、先ほど述べた「ビジネスに明るく、分析技術が身についている人材」のことを指しています。スーパー人材です。

一方、この言葉が日本に入ってきてカタカナ表記の「データサイエンティスト」になった際に、この言葉が指し示す範囲が、データ分析スキル、特に、データを扱うスキルに矮小化されてしまうケースが散見されました。具体的な例を挙げると、データベーススペシャリスト、統計専門家、場合によっては、Tableauなどのビジュアライゼーションツールを使える人材など、データを取り扱うにあたっての特定領域の専門性が高い人材のことを「データサイエンティスト」と呼ぶことが多々あった、ということです。

**データ分析を
ビジネスにつなぐ役割**

・業務課題に精通
・データ分析の目的・ゴールを考える
・アウトプットを元に、アウトカム（成果）を求める

の守備範囲

●データとビジネスをつなぐ仕事は、アウトソーシングできない

もちろん、それが悪いという話ではありません。何度も述べているように、データを取り扱うスキルはデータ活用のために極めて重要ですし、そうした能力（ケイパビリティ）が社内に存在しない場合には、DXもうまくいきません。

ですから、カタカナ表記の「データサイエンティスト」が、世の中に認知され、そのスキルを活かしてデータ分析業務に従事するようになっていることは非常に素晴らしく、また、とても価値があることだと言

「Data Scientist」と「データサイエンティスト」は違う

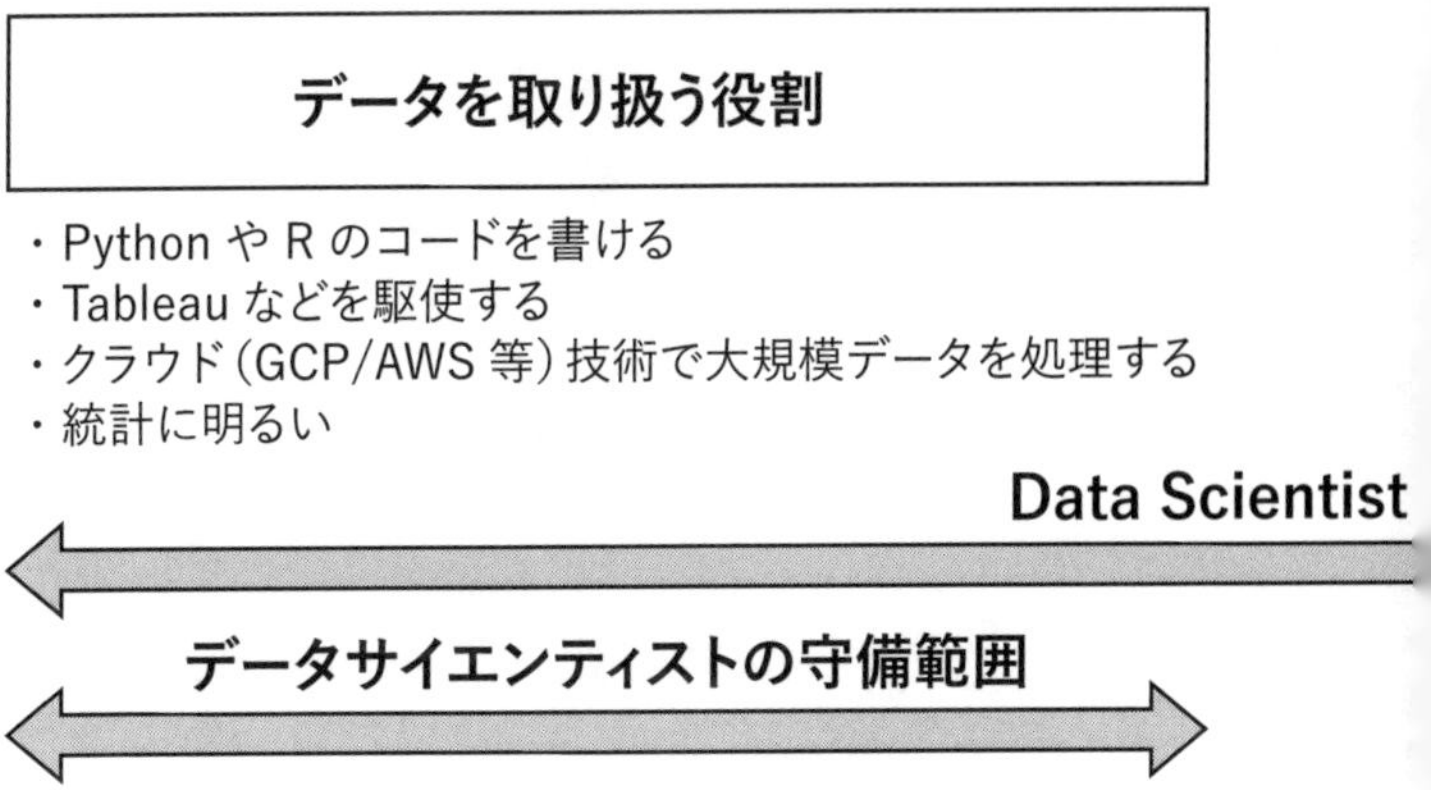
データを取り扱う役割
・Python や R のコードを書ける
・Tableau などを駆使する
・クラウド（GCP/AWS 等）技術で大規模データを処理する
・統計に明るい
Data Scientist
データサイエンティストの守備範囲

えます。

ただし、カタカナ「データサイエンティスト」に注目が集まった結果として、英字「Data Scientist」に含まれていた「データとビジネスをつなぐ」役割については、光が当たりにくくなってしまっている、と私は感じています。

そして、この部分こそが、データ活用を成功に導く際に欠かせないものなのです。

極端な話をするならば、データを取り扱う力は、社外の専門人材に委託することができます。もちろん、外注費用が発生しますし、専門性の高い人材にお願いしたければ、その金額も非常に高額なものとなりますが、外注できるかどうかで言えば「できる」のです。

しかし、データとビジネスをつなぐ力は、社外にお願いすることができません。いわゆる経営コンサルティング・戦略コンサルティングの領域で、こうした部分を担当してくれることもありますが、それは一過性のもの、スポットになります。

継続的にコンサルティング・ファームにお願いするにしても、どこかのタイミングで必ず内製化しなければいけません。なぜなら、**「自社の事業を改善し続けること」は、企業活動そのもの**だからです。

自社のデータを日常的に見て自社の実態・実情を理解し、どのような課題があり、どのような変革を志すべきなのかを考える。そして、それを実現するために、打ち手を考えて実行する。この一連の流れを外部に任せ続けられるでしょうか？

誤解のないように補足すると、こうした業務の流れをしっかり構築するにあたって、外部のコンサルタントを活用する、という考え方を否定はしません。私自身、そういうプロジェクトを担当させていただく機会は多くありましたし、世の中にはそういう支援を行う企業も数多く存在します。

しかし、そうしたプロジェクトも、必ず「終わり」がきます。そして、その時が訪れると、データを用いて業務を推進していく部分は、必ず「自社人材」で行っていくことになります。

コンサルタントはアドバイザーであり、伴走者に過ぎません。試合に出て勝負を行い、勝利をつかみ取るのはコンサルタントではなく、自社人材なのです。

Point

- **データ活用は、データ分析スキルだけでは成功しない。**
- **「自社の事業を改善し続けること」は自社人材にしか成しえない。**

データ人材とビジネス人材を組み合わせる

●データを取り扱うデータ人材と、ビジネス視点でデータを読み解くビジネス人材

さて、話を戻しましょう。

データを取り扱う力、と、データとビジネスをつなぐ力、を両方兼ね備えたスーパー人材「Data Scientist」は、そんなにたくさんいません。そして、データを取り扱う力を持った「データサイエンティスト」に注目が集まっています。

そんな中で、私が注目したいのは、データとビジネスをつなぐ力、です。そして、ここが〝ポテンエラー〟のよく起きる場所になってしまっているのではないか、と考えています。

前章で述べたように、大半のビジネスパーソンは「事業推進活動」に従事しています。そういう人が、カタカナ表記の「データサイエンティスト」の領域である、「データを取り扱う力」をいきなり身につけるのは、少々ハードルが高いと思います。

プログラミングやSQLを学ぶのはちょっと……、と感じている方には、「データとビジネスをつなぐ力」を意識的に強化することをお勧めします（大切なことなので何度も繰り返しますが、データを取り扱うための技術は、学習しないよりはするほうが〝良いに決まっています〟し、可能な限り〝習得すべき〟スキルです）。

「Data Scientist」の広いカバー範囲を、「データ人材（カタカナ表記のデータサイエンティスト）」と、業務に精通した「ビジネス人材」で分担することを目指すのです。

●ビジネス人材は「最初」と「最後」を担当する

まず、ビジネス人材が、「どんなビジネス課題を解決したいのか」を考えます。そ

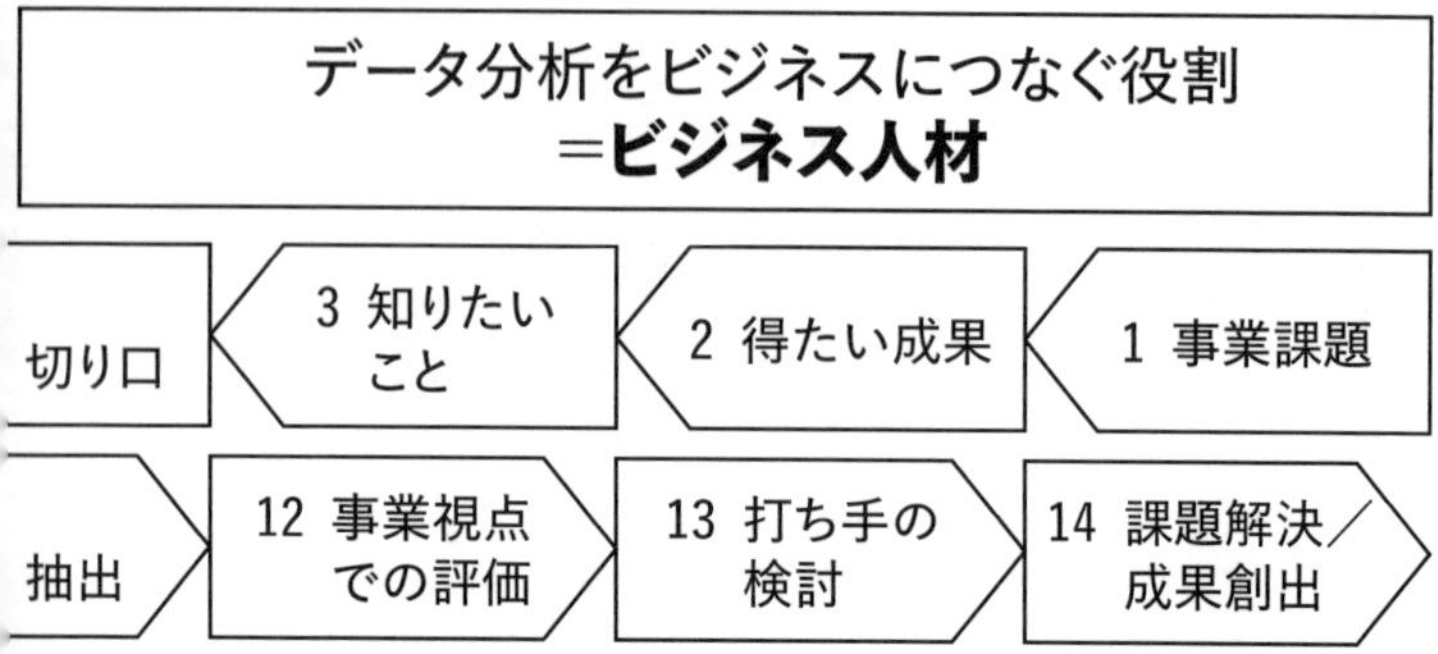

して、「この課題を解決するに当たって、どんな事実を知りたいのか」を明らかにします。事実がわからなければ解決の仕様がありませんから、自らが知りたい事実が何なのか、を明確にすることはとても大切です。

それを受けて、データ人材は「どんなデータを、どういうふうに加工していけば、その事実が明らかになるだろうか」と考えます。いわゆる分析設計です。この時点で、データ不足などの問題も出てきますので、現実的に実行可能な範囲を見極めることが求められます。

こうして分析設計ができあがると、データ人材は「分析作業」を始めます。実際にデータを加工し、表やグラフを作ったりして、事実を提示しま

「データ人材」と「ビジネス人材」の役割分担

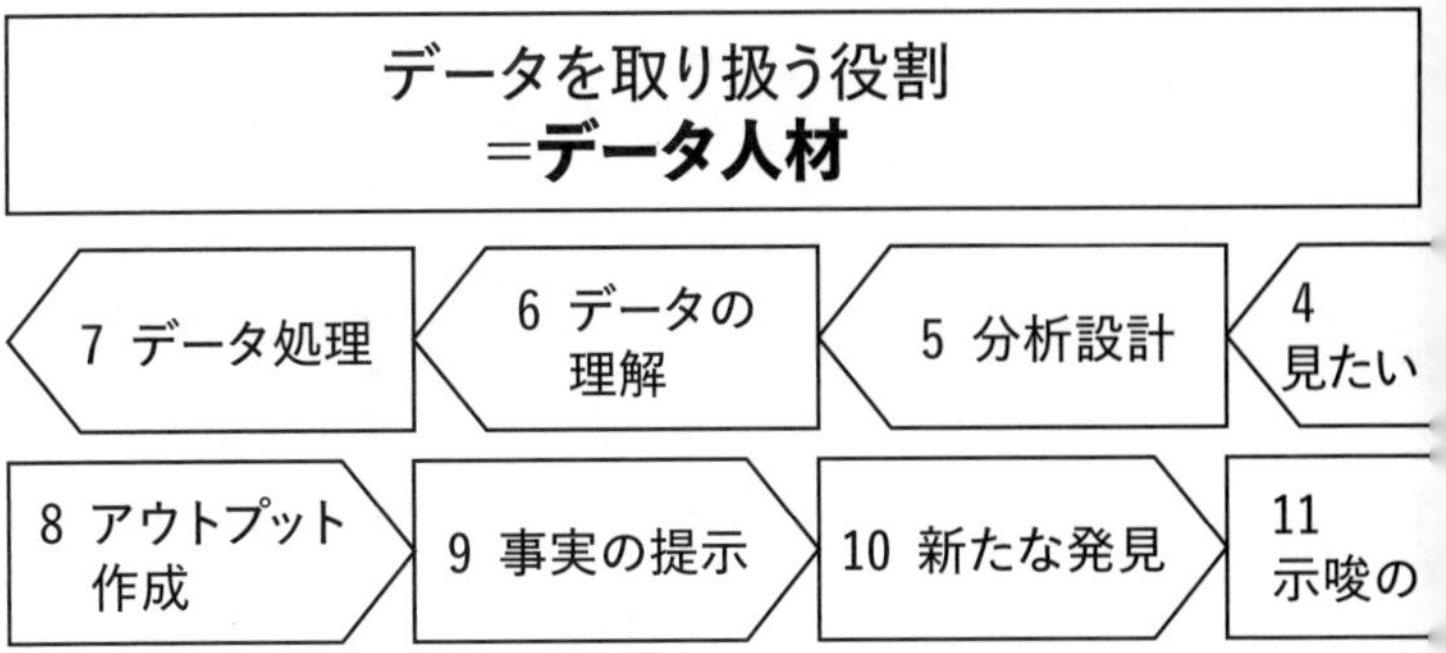

す。この作業は専門性が高く、データ人材の腕の見せどころです。

さて、このように出てきた事実を、ビジネス人材は真摯に受け止めます。思っていたのと同じこともあれば、違うこともあるでしょう。しかし、出てきた事実は事実と受け止めて、そこから新たな発見（Findings）を得て、さらに何らかの示唆（Insight）を導出できないかと考えます。これが、分析結果の「解釈」です。

ここでデータを解釈することにより、データ分析結果がビジネス実務へとつながります。数字が増えた・減っただけでなく、その裏側に「どういう理由があるのか」「どんな関係性があるのか」

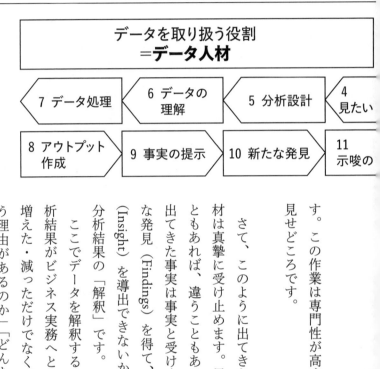

を現場の状況を想像しながら考えていくことになります。

ここまでくれば、後は、通常の事業推進業務です。目の前で起きていること、実際に体験したことと同じように、データから見えてきたことを判断材料にして、どんな打ち手を行うべきかを考えて、実行に移し成果を得ていくのです。

◉データ活用もシステム開発も、ビジネス人材が成功の鍵

これは、システム開発におけるシステム人材（システム・エンジニア、SIer）とビジネス人材（実務担当者）の関係性と同じです。日々の業務の困りごとや、どういうふうに業務を変えていくべきかの提案をシステム人材に丸投げしても、決して良いシステムはできあがってきません。

どのように業務を変えたくて、どのように仕事を進めたいのか。そういう要望（システム開発で言うところの業務要件）を出していくのは、ビジネス人材の役割です。

もちろん、システム人材は、すべてを受け入れるわけではありません。「それはとてもお金がかかる」とか「そうすると他の部署の手間が3倍に増える」とかいった観

点で提言を行い、現実的なシステム要件に落とし込んでいくことになります。しかし、いずれにしても、最初の一歩はビジネス人材が踏み出す必要があります。

データ活用もシステム開発も、ビジネス人材がそれを自分ごととして捉え、自分たちが果たして何を得たいのかと考える姿勢を持つべきです。

Point

- まずはビジネス人材が仕事の目的を明確に設定する。
- ビジネス人材は、データが示す事実を受け止め、解釈し、打ち手を決める。

データ活用の具体的な流れを追ってみよう

◉「課題の気づき」から「課題解決」までの手順

データ活用に関するデータ人材とビジネス人材の役割分担について、もう少し具体的に、手順を追って考えてみましょう。

1〈事業課題〉

最初に、ビジネス人材が事業推進上の問題点や困りごとに気づきます。そして、解決したい課題として定義します。

たとえば、ある商品の売上が伸び悩んでいるとか、特定の部署の離職率が高いとか、そういうお話です。

2〈得たい成果〉

課題が決まれば、自然と得たい成果が見えてきます。前者であれば、その商品の売上向上ですし、後者であればその部署の離職率の低減です。

3〈知りたいこと〉

そのような成果を得るためには、どんな事実がわかると良いでしょう？「知りたい事実」を明確にします。商品の売上が低い、という場合であれば、他の商品と比べてどの程度低いのかを知りたいですね。また、一過性のものなのか、ずっと低いままなのかも知りたいところです。

さらに、エリアや店舗などで売れ行きに差があるのか、平日と週末で違いがあるのかなども確認してみる必要がありそうです。

4〈見たい切り口〉

こうした「知りたいこと」が明らかになると、分析設計の糸口がつかめます。この例で言えば、各商品の日別、週別、月別の売上推移が欲しいですね。商品の種類やお店の業態（たとえば飲食店）によっては、時間帯別（朝・昼・夜など）もあっても良いかもしれません。そして、それをエリア別、店別でも比較できるようにしたいところです。また、店の分類（立地条件や客層など）も考慮できると、売上低迷の原因がつかみやすいでしょう。

このように、どんな切り口で分析を行えば、実態を捉えることができるかが明らかになっていれば、分析結果を基に打ち手を考えることができます。

このあたりまでビジネス人材がしっかりと考えておけば、データ人材が分析の目的を見失うことはないでしょう。

5〈分析設計〉

分析の切り口が明らかになれば、分析設計を行うことができます。どういう集計単位にするか。どのデータとどのデータを組み合わせれば良いか。他の店舗と比較するという場合であれば、具体的にどの店と比べるか。

先ほど挙げた店の分類を行う場合にも、手元にどういうデータがあるのかを、あらかじめ考えておく必要があります。

6 〈データの理解〉

飲食チェーン店だとした場合、いくら「立地で比べたい」といっても、手元に住所情報しかないのであれば「郊外」と「中心部」というような区分にしかできません。「ロードサイド」「駅前」などの情報はフラグとしてあらかじめビジネスサイドが設定しておくか、何かしらのロジックを作って判定する必要が出てきます。

同様に「客層」も、来店人数の情報しかない状態では「グループ客」「少人数客」くらいでしか分けられません。もし「家族客」を判別したいなら、年齢や子供の人数などを記録するようにオペレーションを変更するか、注文されたメニューから類推するなどの作業が必要です。

7〈データ処理〉／8〈アウトプット作成〉

こうしたビジネス上の要望（分析要件）とデータ上の制約条件を踏まえて、どのデータにどういう処理を加えるかを考え、実行します。ＳＱＬやPythonのコードを書いてデータの結合や集計などを行ったり、Tableauなどのビジュアライゼーションツールを用いて表やグラフを作成したりします。

もちろん、データの件数が少なかったり、シンプルな分析処理で事足りるのであれば、ExcelやGoogle Spread Sheetsを用いても構いません。大切なのは、どのツールを用いるかではなく、正しいデータ処理を行い、ビジネス判断のために有用な分析アウトプットを作ることです。

9〈事実の提示〉

作成された分析アウトプットを見ると、どういう「差分」や「関係性」があるかを理解することができます。つまり、

・その店の売上は、本当に伸び悩んでいるのか
・どの程度伸び悩んでいるのか
・何と比べて伸び悩んでいるのか

などです。

たとえば、「その店単体で見ると前年比3％の売上増で、全店舗平均が10％増」という話と、「その店は前年比マイナス5％で、全店舗平均は5％増」という話では、〝伸び悩んでいる〟という言葉の指している状況がまったく異なります。

仮に、後者の場合、さらに深掘りした際に、

・その店はマイナス5％。その店を含む関東圏の店舗平均はプラス3％
・その店はマイナス5％。同様の立地条件のロードサイド店平均はマイナス10％

という事実がわかったとします。

この情報を見ると「関東圏のロードサイド店の平均と比べるとどうなっている?」ということを知りたくなりませんか。

なおこれは、ビジネス知識に乏しくても「データを見れば、思いつくことができる」内容です。データ人材が、自発的に分析を追加することが望ましいでしょう。

ここでは、「関東圏のロードサイド店の平均はマイナス12%で、全国平均よりもさらに悪い」という状況だったことにしておきます。

こうした分析をしっかり行っていくことで、事実が提示され、新たな発見(Findings)の準備が整います。

10〈新たな発見(Findings)〉

続いて、ここで提示された事実が、以下のようなものであったとします。

【全体傾向】

・ロードサイド店全体が沈んでいる(マイナス10%)

・特に、関東圏のロードサイド店の落ち込みは顕著(マイナス12%)

・ロードサイド店はランチ需要が堅調（プラス1％）
・ただし、ドリンクバーが売れておらず、滞在時間は短縮傾向（45分→30分）
・その一方で、客数は増えている（プラス5％）
・ロードサイド店のディナー営業の落ち込みが激しい（マイナス20％）
・1年前に比べると家族客が平日は半分以下、週末もマイナス30％
・アルコール飲料の売上が半減。特に平日はマイナス80％と壊滅状態
・関東の駅前店で伸びているのは主に学生層（客数がプラス20％）

【当該店舗】
・売上はマイナス5％と減少
・ディナーの落ち込みは、平均と同等（マイナス18％）
・ランチが、平均を大きく上回る（プラス15％）
・ドリンクバーは好調。夕方のすいている時間帯の滞在時間はむしろ増加（1時間以上）

・長時間滞在中に追加オーダーを頼む単身客が、大きく増加

こうなると、ここから見えてくる〝発見〟は、

・ロードサイド全体の落ち込みが激しい
・関東圏のロードサイドの中では、当該店舗は、むしろ健闘している
・当該店舗は、ディナーの落ち込みを、ランチ〜夕方の売上でカバーしている
・単身客の長時間滞在と追加オーダーの組み合わせが伸びている

ということになります。

こうしたデータの読み解きは、業務知識に乏しくても実施可能です。データ人材が責任をもって実施することが望ましいと考えますが、組織の状況やチーム構成によっては、ビジネス人材が行うということでももちろん構いません。

では、このような事実から得た新たな発見から、どんな事情や背景が読み解けますか？　想像してみましょう。

11 〈示唆（Insight）の抽出〉

これらの情報から考えると、この店は、いわゆるファミリーレストラン業態です。駅前立地とロードサイド立地があり、関東圏以外にも幅広くお店があると考えられます。そして、当該店舗は売上が減少しているものの、関東のロードサイド店の中では健闘している状況のようです。

ディナーの落ち込みは他店と同様ながら、ランチ～夕方に売上を積み増しています。しかも、滞在時間を長くするという、回転率の落ちる形で売上を伸ばしています。「長時間滞在」の需要がある「単身客」の支持を集め、「追加オーダー」を促進できている。これが、この店舗が、他店に比べてランチ～夕方に売上を作り、店舗全体の落ち込みを抑制している理由です。

この「単身客」は、「追加オーダー」を行うことから、お財布に余裕がある顧客であると想像できます。一般的には学生客はお財布に余裕がありませんから、社会人の可能性が高そうです。

平日の昼間に社会人が長時間滞在するとなると、サボっているか、何か別の事情でしょう。サボっている人がそんなにたくさんいるというのも不思議な話ですので、

「落ち着いて長時間滞在したい」事情がある、と考えましょう。

　昨今の事情から考えると「リモートワーク」ということが浮かびます。家で仕事をしていても、あまり集中できない。そこで、ランチがてら外に出て、集中できる環境で仕事をしたい。学生時代に試験勉強で使っていたファミレスを作業場所として使うことにした。当時と違って多少お財布に余裕もあるので、作業に疲れたら1～2品を追加で頼んで気分転換をする……。

　そんなお客様に支持されているのではないか？　という想像はどうでしょう。


　なお、実際には、こんなふうに前提となる業態情報などをゼロから想像する必要はありません。あなたの所属する会社や組織のデータを見てビジネス課題について考えているわけですから、十分な前提知識があるはずです。

　しかしながら、このように「特に前提となるビジネス知識がない場合」でも、与えられた情報からあれこれ類推し、仮説をたてることが可能です。

　もしあなたが、このように示された事実や前提知識をもとに、精度の高い仮説をたてることができれば、あなたの会社・組織は、データとビジネスをつなぎ、より効率的に正確な判断・意思決定ができるようになります。

12〈事業視点での評価〉

このような考えに対して、実際に、ビジネス実態としてどうなっているのかは、当該店舗やエリアマネージャーなどに確認することが望ましいでしょう。もちろん、あなた自身がその立場なのであれば、示唆の抽出を試みながら、こうした確認を同時並行で行っていることになります。

今回の場合は、先ほど類推した、

・単身客は、会社員のリモートワークニーズ
・当該客が、仕事休憩で追加オーダーをしている

という考えが正しいかどうかを現場にヒアリングしてみることとします。

その結果、実際に、会社員がランチに来て、そのままPC作業をしていることがわかりました。

この店舗では、そもそもランチタイムの後からディナーの時間まで、空席が目立ち、節電のために半分ほどの座席の電気を落としていたのですが、リモートワーク客の増加に合わせて13時以降も全席を使えるように切り替えていました。

なお、追加オーダーに関しては、滞在時間が1時間を越えたあたりで「ちょっと休憩おすすめデザート」メニューをテーブルに配っていること、および、17時半ごろになるとノンアルコールビール＋おつまみの「一日お疲れ様セット」のメニューを配っていることが奏功していました。

一方で、そうしたリモートワーク客が、イヤホンマイクでリモート会議に参加していることに対して、他のお客様から迷惑だという声があがることも多々あるという問題もわかりました。

つまり、データから読み解いた発見・示唆は正しかったということになります。

加えて、データだけでは見えなかった実態もよくわかりました。

13〈打ち手の検討〉

さて、ここまで来ると、データからわかったこととヒアリングからわかったことに垣根はありません。事業推進の観点で、課題解決に取り組みましょう。

まず、最初に課題だと考えていた「当該店舗の売上伸び悩み」は課題ではなく、むしろ、関東圏のロードサイド店の中では健闘していたということがわかっています。

ここで考えるべきは、「当該店舗の売上をさらに押し上げる方法」と「当該店舗の良い取り組みをベストプラクティスとして他店に広げる」という活動でしょう。

まず、当該店舗に関しては、

・リモート会議が可能な制音／消音ブースの設置（好評であれば有償化も検討）
・自家用車の車内でリモート会議に対応できる一時離席ＯＫプランの導入

などを検討したくなります。

そうすることで、リモートワーク客がより過ごしやすい環境を提供できそうです。

また、それらのブースやプラン利用時に、追加オーダーや追加料金を取ることができれば、店舗の収益改善にも貢献してくれそうです。

続いて、他のロードサイド店についても、
・リモートワーク客の受け入れ拡大
・リモートワーク客向けの＋1オーダーキャンペーンの拡大
などを展開してみることを検討しましょう。
成功事例を、売上の落ち込みが激しい他のロードサイド店に導入してみるわけです。

14〈課題解決／成果創出〉

こうした施策を実行してみることで、チェーン全体の課題が解決し、ビジネス上の成果が生まれることが期待されます。当該店舗の売上だけでなく、他のロードサイド店での売上向上も実現できる可能性がみえてきました。
しかし、やりっぱなしで終わってはいけません。そこで実行した打ち手が本当に効いているのか、継続的に確認していきましょう。
そもそも、
・これらの施策は、導入したすべての店で売上向上効果があるのか
・売上は上がっても、利益が出ない状況になっていないか
・売上や利益への影響具合に店舗ごとにばらつきがないか
・ばらつきがある場合、その理由は何か……
などの新たに「知りたいこと」を明らかにし、「見たい切り口」を定め、「分析設計」を行い、「データの理解」「データ処理／アウトプット作成」「事実の提示」「新たな発見」「示唆の抽出」を経て、再び「事業視点での評価」につなげましょう。

このように、分析サイクルを何度も回すことで、ビジネスとデータがシームレスにつながり、事業課題の解決が進んでいくわけです。

Point

・手順を理解し、ビジネス人材とデータ人材の役割を明確にする。
・データ活用の分析サイクルを継続的に繰り返すことで、真の課題解決と成果創出が得られる。

役割の線引きは、組織の状況次第

◉ビジネス人材もデータ人材も、相手の領域に一歩踏み込むべし

こうした一連の流れの中で、どこまでをビジネス人材が担当し、どこからデータ人材が対応するのかは、組織やチームの状況によって異なります。しかし、大切なのは、お互いに一歩踏み込むことです。

お互いに、相手の領域に少し重なるように踏み込んでいけば、〝ポテンエラー〟がなくなります。

ビジネス人材とデータ人材は、同じ目的のため、同じ成果を得るために共に行動する仲間ですから、協力し合って物事を進めていくことが求められます。

ビジネス人材が、データ人材の領域に一歩踏み込もうとする時には、データ分析技

術に関する知識が皆無な状態では、やはりうまくいきません。そういう意味でも、**ビジネス人材は、データを取り扱う技術について、少しでも学ぼうという姿勢を持つ必要がある**のです。

●ビジネス人材が行うべきは、ビジネスの舵取り

なお、どのように役割分担をしようとも、**ビジネス人材が必ず行うべきは「データとビジネスをつなぐ」こと**です。そして、駆動輪であるデータ人材に適切な要望を正確に伝え、**操舵輪として、ビジネスの舵取りをしていくこと**です。データ人材の領域に踏み込んでいくのは、データを自分自身でうまく取り扱うためではありません。データ活用をスムーズに、そして効果的に行うためです。

どういうデータが存在しているのかをまったく知らないまま、「知りたいこと」「見たい切り口」だけを好き勝手に言っていても、そんな都合の良い分析結果は出てきません。

「優良顧客の割合を知りたい」と思うなら、「どういう顧客を優良顧客と定義するか」をビジネス人材が決める必要があります。こうした定義を明確にせずに、データ人材に「よろしく頼む」と丸投げしていては、操舵輪の役目を果たせません。どちらの方向に進みたいのか、つまり「何を判断するために、どういう情報が欲しいのか」をしっかりと示すことが必要です。

そして、その際には「今あるデータで、求めた通りに優良顧客を分類することが可能なのか」を考える必要があります。

「過去5年、購入額が上位20%をキープし続けている人」を有力顧客だと定めても、蓄積された購買履歴が3年分しかなければ、対象者は抽出できません。「自社が提供するレストラン、ホテル、小売のすべてを利用している人」と言っても、レストランや小売が顧客データを集めていなかったり、集めていてもホテルの宿泊顧客情報と紐付いていなかったりする場合には、データ人材にはどうしようもありません。

このような**データ領域の状況をビジネス人材が理解しておくことが、データ活用を成功に導くために極めて重要**だと言えます。

Point

・ビジネス人材、データ人材ともに、相手の領域に一歩踏み込んで考え、学ぶ姿勢が大事。
・ビジネスの舵取りを担うビジネス人材は、何を判断するために、どういう情報が欲しいのかをしっかり示す。

データの正しい読み解き方

●データの解釈はＫＫＤベースで構わない

前項では「どんなデータが欲しいのか」、「どんな情報が欲しいのか」を考える部分に主眼を置いていましたので、今度は、データ人材から提供されたアウトプットを読み解く部分、つまりデータの解釈に目を向けてみましょう。

データの解釈というと、難しいことに取り組むように感じるかもしれませんが、実は、皆さんは日常でも簡易的に行っています。

最高気温が20度を下回ったら長袖を着るとか、レストランのレビューサイトのスコアが3.2より低いと少し敬遠してしまうとか、そういう判断もデータを読み解いた結果の行動です。

なお、実際には、単独のデータからだけでなく、他のデータも組み合わせて判断しています。服装を決める際には気温だけではなく、天気や湿度なども考慮しますし、レストラン選びにおいてはレビュースコアに加えて、レビューの数や具体的なコメント、価格帯なども加味して判断しているはずです。

データそのものには、どんな服装にすべきか、どのレストランに行くべきか、という情報は含まれていませんが、それらを基にいろいろ考えて「この格好では寒そうだ」「このレストランは良さそうだ」などを判断しているわけです。

あるいは、仕事の現場でも「今日はお客様が普段より多い」とか、「祝日の割には少ない」などと感じたら、ごく自然にその理由を類推するはずです。「今日は暑いから、冷たい飲み物を求めるお客様が多い」とか「周辺の飲食店がお盆休みになっているから、仕事をしている人たちがランチタイムに集まってきている」とかいうふうに考えたり、「ゴールデンウィークで旅行に行っている人が多いから、お店にあまり来ていない」とか「近くで開催されている夏祭りに行っていて、こちらに来ていない」とかいうふうに考えたりするはずです。

こういうふうに「思う」「想像する」「類推する」際には、勘や経験に依る部分が多いと思います。

データの解釈も、それと同じ態度で臨んでいけば問題ありません。

要するに「データに向き合う際も、目の前の出来事に向き合う際も、同じように考えれば良い」のです。

たとえば、

・今週の曜日別来店客数
・先週の曜日別来店客数
・昨年同週の曜日別来店客数
・過去1年間の曜日別の平均来店客数

が手元にあるなら、それらを比べることで「今日のお客様が多いか少ないか」を見極めることができるでしょう。これは、毎日お店にいる店長が「今日は、お客様が多い／少ないな」と考えるのとまったく同じです。

単に、考えるインプット（考えるための材料）が、「システムから出てきた数字（データ)」であるか、「目の前の現象・出来事」であるかの違いだけです。
インプットがどちらであっても、その情報から考えることは同じです。「なぜ、今日はお客様が多い／少ないのだろう」を類推していくことになります。

Point

- **データも目の前の出来事も、解釈の方法は同じ。**
- **データの解釈は、ビジネスの実態に照らし合わせながら、その理由や背景を想像、類推すればよい。**

インプットの精度を高めるには？

◉考える材料はデータだけじゃない

こうして考えると、インプットは「データ」に限らないとお気づきになるでしょう。まさにその通りです。長らく積み上げてきた業務経験も、書籍や業界誌・業界紙を読んだりして身につけてきた知識も、そして、いま目の前で起こっている出来事も、すべて貴重なインプットです。

当然ながら、ビジネス人材として、データとビジネスをつなぐ役割を担うためには、ビジネスに関する感度を高めておく必要があります。操舵輪として舵取りをするわけですから、ビジネスがどのように動いているのか、そしてそれはどのように変化しているのか、その中で自社が抱える課題はどのようなものなのかをしっかりと捉えておかねば、正しい方向に向かうことなどできるはずがありません。

ですから、日々、目の前で起こっていることや、先輩や上司が言っていること、お客様のご意見や感想などを、しっかりと「考えるための材料」として活用することが重要です。

ここで、考えるための良い材料（良いインプット）を集めるにあたって、どんな工夫ができるか、少し考えてみましょう。

●良いインプットの集め方

〈質の良い情報を集める〉

物事を深く考えるためには、質の良い情報を集める必要があります。質の良い情報は、正確性が高く、また鮮度が良い情報です。また、可能な限り客観的な情報のほうが良いでしょう。主観的な情報も貴重なインプットなのですが、どうしても誰かの意思や感情が混入してしまいますし、その混ざり具合もまちまちです。

たとえば、飲食チェーンのエリアマネージャーであるあなたが店舗スタッフに電話して「店が混んでいるかどうか」を確認したとしましょう。
この時「そうでもない」と回答が来たら、どのように考えるべきでしょうか。

・その店の平均的な混み具合と比べてそれほど混雑していないため、オペレーションに余裕がある状態なのか
・週末のランチタイムの割には少ないが、かなり忙しい状況なのか
・そのスタッフが超繁盛店からのヘルプで来ているので、大混雑でも普通だと感じてしまっているのか……などなど

いろいろなシチュエーションが想像できてしまいます。
このような主観的な情報（ヒアリングやインタビューなどの結果）を用いる場合には、質問内容を工夫すると共に、できるだけ複数の人から集めることで、主観によるブレを抑えるようにしていくべきです。

数値データが好まれるのは、この客観性が担保されているからです。数字は、とても乾いた情報ですので、主観が混入する余地がありません。しかしながら、その数値データが作られる過程において、なんらかのノイズが入っている可能性は認識してお

くべきです。

たとえば、「満足度：3.3」という数値データがあるとします。この数字を作るにあたっては、お客様に5段階評価で入力してもらい、その平均を取る、というような作業をしていると考えられます。先ほど述べたように、複数人の情報を合わせればブレが少なくなりますから、ある程度の客観性は担保されているように思えます。

しかし、もし、この情報がたった3人だけの回答を元にしているとなると、どうでしょうか。この数字が、どの程度の客観性を持ち、どれくらい正確なものなのかについて疑問を持たざるを得ません。

あるいは、「販売個数100」という数値データがあるとします。なるほど、一定期間で100個売れたんだなと普通は思うわけですが、もし、この数字を作るにあたって「ある商品はケース単位、ある商品はSKU（1つひとつの商品）単位のものを、区別せずに足し合わせている」ということになると話が変わってきます。単位の違うものが足されているのなら、正確な情報とは呼べなくなります。

そんなことあるわけがない、とお考えになるかもしれませんが、たとえば「レジを通した商品数」を数える際に、缶ビールのバラ売り、6本パック、24本入りの箱をそれぞれ1つずつ買った場合には、合計3商品がレジを通った、と数えることもできます。その一方で、缶ビールの本数で考えて1＋6＋24＝31本の商品が通った、と数えることもできます。

「数値データだから客観的で正しい」とは言い切れない。この点は注意が必要です。

そのほかにも、アパレル通販サイトで、服の「サイズ感」という情報が集まっていたとします。その際、「小さい」と答えた人と「ちょうど良い」と答えた人が多かった。

さて、この商品は「小さい」のでしょうか、「ちょうど良い」のでしょうか。これは、回答が出てきた時系列を確認したり、具体的なコメントなどを確認してみたりしないとわかりません。というのも、

・実際にその商品は小さめのつくり
・初期に買った人が「小さい」と感じて、そのようにレビューを投稿

・その後、別の人が「小さい」というレビューを信じてワンサイズ大きいものを買い「ちょうど良い」と回答

というようなことが実際に起こるからです。

こういう状況では、具体的なコメントなどの定性情報を確認して、そのデータ、数字が意味するところを見極めていく必要があります。

〈目的に合った情報を集める〉

先ほど「良い情報」と言いましたが、何が「良い」のかは、あなたが何を考えたいのかによります。

何かを判断するためにその情報を使うわけですから、その判断に資する情報かどうかという観点で情報を精査する癖をつけていくと良いでしょう。

さきほどのビールの例で考えてみます。

そのビールが何本売れているのか、他の缶ビールと比べてみたい、ということであれば、「31」本と数えるほうが良いでしょう。

しかしながら、レジのオペレーションがどれくらい忙しいのかを考えたい、ということであれば、バーコードを読む回数である「3」回が知りたい情報になります。あるいは、350ml缶と500ml缶、中瓶や大瓶などもあるということになると、ml単位で数えて量を比べたいというお話になるかもしれません。医療や健康管理の観点でこの情報を使うのならば、ワインや焼酎などの他の種類のお酒と比較するために含有するアルコール量（内容量×アルコール度数）を計算して用いるべきかもしれません。

また別の例で、「飲食店の混み具合」の話だとどうでしょう。商品在庫の適正量を考えたいのか、人手が足りているのかどうかを判断したいのか、集客キャンペーンの必要性ややり方を検討したいのか……などにより、知りたい「混み具合」が変わります。商品在庫を考えるのなら、どれくらいのオーダー数が入ってきているのかを知りたいですね。人手が足りているかどうかであれば、そのオーダーの数とシフト人数のバランスが合っているかを知りたくなります。

集客キャンペーンを検討するなら、客席の埋まり具合と、お客様の属性（性別、年齢層、来店人数、お子さん連れかどうか、など）が知りたい情報です。

このように、**何を考えたいのか、何を判断したいのかをまず明らかにしてから、その目的に照らし合わせて必要なインプット情報、すなわち考えるための材料が何なのかを整理することが重要**です。

〈効率の良い情報収集・処理のために〝土地勘〟を鍛える〉

私のようなコンサルタントという職業は、まったく知らない業界に飛び込んであれこれと情報の交通整理をしながら知識をつけ、その業界の特性や会社の事情にキャッチアップすることを求められます。

土地勘がまったくない街に、地図も与えられずに放り出される感覚です。そういう場合、最初の数日間は必死で情報を吸収することに費やします。ここで失敗するとプロジェクトが悲惨な状況になりますから、最初の数日で、粗くても良いので何かしらの地図を作ることを目指します。

一度、地図（正確には地図らしき何か）ができあがると、その地図を、より精緻に更新するように情報を追加・整理していきます。そうやって、業界やその企業・部署の事情に対して土地勘を持っていくわけです。

しかし、本書を手に取っていただいている多くの方は、コンサルタントではなく、自社の業務を推進する実務者として日々のお仕事に取り組まれていることと思います。そうすると、このようなキャッチアップが求められるのは、入社もしくは部署異動した直後だけです。部署異動の場合も、自社の営んでいる事業に関する土地勘はそのまま使えますので、比較的、容易に地図を作ることができるでしょう。

情報収集する時も、情報の「土地勘」を意識的に持つことができれば、質の良いインプットを効率よく集めることができます。

たとえば、さきほどの缶ビールのお話であれば「1店舗あたりどれくらい売れているのか」「曜日ごとの変動はどれくらいあるのか」「他の商品とどれくらいの差があるのか」などの情報を知っていると、そういった情報を調べる必要がなくなります。

それくらいの土地勘がある人は、「その店の販売状況」だけを聞いて、他店に比べてよく売れているのか、他の商品がどれくらいの売れ行きなのか、などを類推することができます。

こういう闘い方は、一つの現場を長く経験するタイプの仕事で、とても効果的です。経験を積む中で、どんどん知識が増えて習熟度が上がっていきます。

さまざまな情報を知識として蓄えて、物事にアタリをつけることができるようになると、仕事はスムーズに進みますし、周囲からは「勘が良い」という評価を得られます。

もちろん、こうした「手持ちの知識」だけに頼っていると、どんどん情報の鮮度が落ちていきますし、勘・経験に頼り切ってしまうというダメな状況に陥ります。定期的に情報をアップデートしていく姿勢を忘れてはいけません。

実際の街並も、数年も経てばラーメン屋が定食屋になっていたり、コンビニが新しくできたり、道が拡張されたり、大きなマンションができたり、バス停が増えたり、いろいろな変化があります。こういう情報を拾って街の地図を更新するのと同様に、ビジネスの現場においても土地勘を磨き続けていくようにしましょう。

〈情報源も大切なポイント〉

また、忘れてはいけない重要なポイントが、情報源です。どういう書籍を読めばいいのか、どのwebサイトに行けばいいのか、誰に訊けばいいのか。そういうことが、情報収集の効率と品質を上げるためにとても大切です。

コンサルタントは、相互に情報を交換し合います。仕事の性質上、一時的に、特定の業界（小売とか通信とか製造とか）や、特定の領域（CRMやSCM、営業改革など）に集中することになりますので、「それ以外」の領域については、別のコンサルタントに話を聞いて情報を更新しておくわけです。もちろん、守秘義務がありますので、顧客の内部情報などは共有しませんが、業界のトレンドや方向性、課題や打ち手に関する〝あるある〟情報などは、どんどん共有して、お互いのコンサルティング能力を高めるための材料にしていきます。

また、その際に、どういうメディア、つまり業界誌や業界紙、webメディアなどが信頼に足るのか、そこで執筆、発信している有識者にはどんな人がいるのかなどについても情報を共有します。場合によっては、その業界の有識者を紹介してもらったりもします。そうすることで、その領域について何か調べたいと思ったときに、自らアクセスする道筋をつけておくのです。

このように、自分が関わっていない業界・領域については他のコンサルタントに訊くわけですが、では、自分が〝関わっている〟業界・領域における「業界の有識者」や「業界固有のメディア」の情報はどうやって集めているのでしょうか？

それは、「クライアントに訊いている」のです。

この、クライアント、つまりコンサルタントにとってのお客様は、各企業で業務を推進している方々、すなわち本書の読者である皆さんです。

皆さんは、その会社、その業界で長く勤めて、いろいろなことを経験する中で、どんどん知識をつけ、能力を伸ばしていきます。その際に、上司や先輩、あるいは、同業他社の方たちとの人脈ができます。また、取引先も、その業界に詳しい企業ばかりですから、これも心強い人脈です。

そうした人脈を持つと「こういう時には、誰に相談すればよいか」が定まってきます。これが極めて重要です。

「この話はあの上司に相談しよう」「あの話は業界団体で知り合ったあの人に連絡してみよう」「その話は取引先のあの人が詳しい領域だな」などというふうに考えられると、情報収集が効率的に進みます。

もちろん、そのためには良好な人間関係を維持・構築しておくことが大切です。ちなみに、私の**お勧めは「『この話を、誰に相談したらよいか』という相談を受ける立場になる」**です。

こうした情報収集・共有活動をしていると、当然ながらメディア情報にも精通してきます。人であれ、メディアであれ、良質な情報源を多く持ち、そこに自在にアクセスできるようにしておくと、考えるための材料に困ることがなくなりますし、周囲からも頼られる存在になることができます。

このように、良質なインプット情報を効率的に集め、それを基に考えられる人材が、

「ビジネス人材」です。課題解決に向けた舵取りを行い、データとビジネスをつなぐ役割を担う人材です。

次章では、ビジネス人材が持つべき考え方「仮説思考」について解説します。

Point

・良質なインプットはデータに限らず、日々の出来事のすべてから得られる。

・その情報が判断材料として値するか、「情報を精査する癖」をつける。

第4章

仮説思考でデータと向き合う技術

――データ分析だけでは出てこない、自分なりの「仮の解」の導き方

仮説思考＝《イコール》自分の脳内情報との比較

●自分の脳と対話しながら思考を深める

ここまで、当たり前のように「仮説」という言葉を何度か使ってきました。本書をお読みの皆さんの中には、おそらく「仮説」、あるいは「仮説思考」という言葉を聞いたことがある、または関連書籍をお読みになった方もいらっしゃると思いますが、ここで、あらためて「仮説」について考えてみましょう。

仮説思考は、「実際に目の前で起きている現象」と「自分の脳内にある情報」とを比較しながら考える思考法です。言い換えると、自分の脳と対話しながら、考えを深めていくやり方のことです。

あるスーパーの店頭を想像してみてください。

・お客さんが行列している
・いつも最初に売り切れる人気の総菜が今日は売れ残っている
・缶ビールがよく売れている
・子供連れが多い……

こういう目の前で起きている出来事を、自分の脳内にある情報と比べることで「仮説」が生み出されます。

これらの例であれば、

・レジ担当の店員が少ないと行列が長くなるが、今回もそういうことなのかな？
・いつもの人気総菜はかなりガッツリ系だから、今日みたいな気温も湿度も高い日には人気がないのかな？
・今日は、ビールの特売や販促キャンペーンを仕掛けていたかな？　あるいは、新しいテレビCMが流れたのかな？
・いつもより早い時間帯なのに子供連れが多いのは、学校行事などの関係で早く終わる日だったのかな？

などの考えが浮かぶと思います。

◉目の前の事象の、見えない原因を考える

これが、「自分の脳内情報との比較」です。仕事に従事する中で、経験してきたこと、得た知識、それらから導き出された法則（経験則）が脳内に蓄積されていきます。また、仕事の現場で得たものだけでなく、テレビで見たことや友人や家族との会話、道を歩いている時に見かけた光景なども脳内情報として使うことができます。

そうしたあらゆる脳内情報を使って「今、目の前で起こっていることには、こんな原因があるんじゃないか？」と考えてみる、これが「仮説を作る」という作業です。

単なる当てずっぽうではなくて、もう少し実態に即した仮の答え、仮の考えを出せるのが、仮説思考の特長です。

Point

・仕事だけでなく、日常生活の経験も脳内情報として使える。
・当てずっぽうではなく、実態に即した仮の答えや考えを導くのが仮説思考。

仮説にはアサンプションとハイポセシスの2種類がある

●assumptionとhypothesisはカタさが違う

仮説、という言葉を使う際に、少しややこしいのが「仮説」の英訳として、assumption（アサンプション）とhypothesis（ハイポセシス）という2つの言葉が存在することです（正確に言うと、assumptionとhypothesisという2つの英単語に対して同じ「仮説」という日本語訳をあててしまったのでしょうけれど）。

この2つの単語は、どちらも「仮の答え」を指します。従って「仮説」という訳語が間違っているとは言えません。しかし、両者は、その「確からしさ」に差がありまする。

assumptionは、確からしさが低い状態の仮説です。「こういうことなのかな」「こ

仮説にはアサンプションとハイポセシスがある

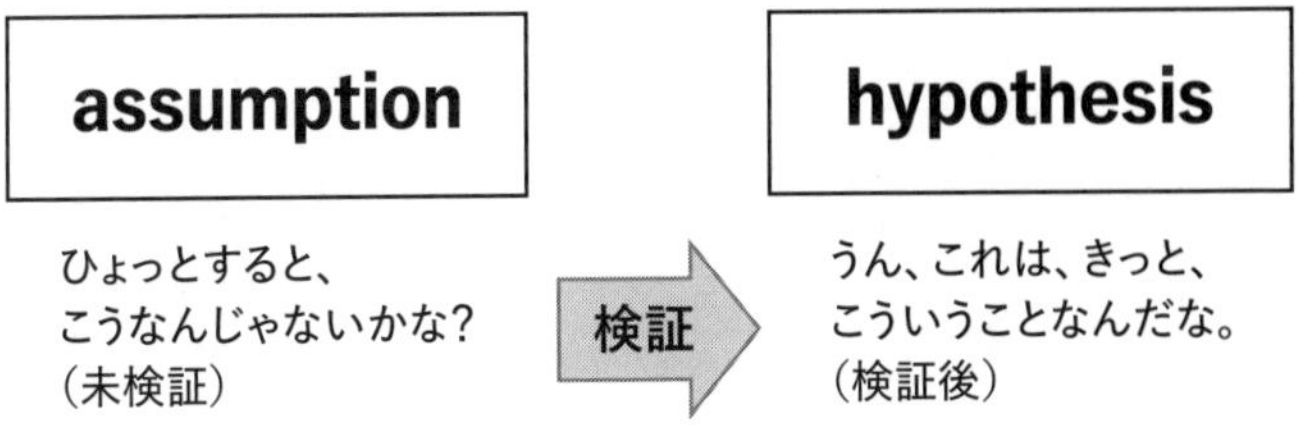
assumption
ひょっとすると、
こうなんじゃないかな？
（未検証）
検証
hypothesis
うん、これは、きっと、
こういうことなんだな。
（検証後）

んな感じかな」と〝思った〟というニュアンスです。根拠がない状態だと思っていただければよいでしょう。

一方、**hypothesisは、データなどで検証が進んだ状態の仮説**です。

「根拠があり、論理的に矛盾もなく正しそう」、「再現性がありそう」、という状態まで来ています。

つまり、assumptionのほうが柔らかく、hypothesisのほうがカタい、というわけです。

確からしさが低いassumptionも検証を重ねることで、hypothesisに変化していきます。

また一方で、検証する中で間違っているとわかることもあります。

◉ビジネスにおいてはhypothesisで十分

ちなみに、hypothesisがさらにしっかり検証され、確実なものになるとtheory（セオリー）、つまり定説になります。ただ、科学実験や数学の世界ならばともかく、現実社会、特にビジネスの現場においては「確実に再現可能なもの」は〝ほぼない〟ため、theoryにたどり着くことはまずありません。hypothesisまで行けば十二分に確からしいと捉えておきましょう。

assumptionとhypothesisのどちらの意味で「仮説」という言葉を使っているのかがブレると、会話に支障が出ます。

コンサルティングの現場でクライアントからしばしばいただくご意見として、「コンサルタントは仮説だ仮説だと言って、現場も知らないくせに好き勝手に間違ったことを言ってくる」というものがあります。つまり、「コンサルタントの持ってきたカタい仮説（hypothesis）が間違っている」というご指摘です。しかし、コンサルタントにしてみれば「いや、もっと柔らかい仮説（assumption）を持ってきたつもりだったん

もう少し厳密にいうと

コンサルタントの「初期仮説」は、assumption よりも
「カタく（いくつかの前提を基にしている）」て、
hypothesis よりも「柔らかい（未検証）」です。

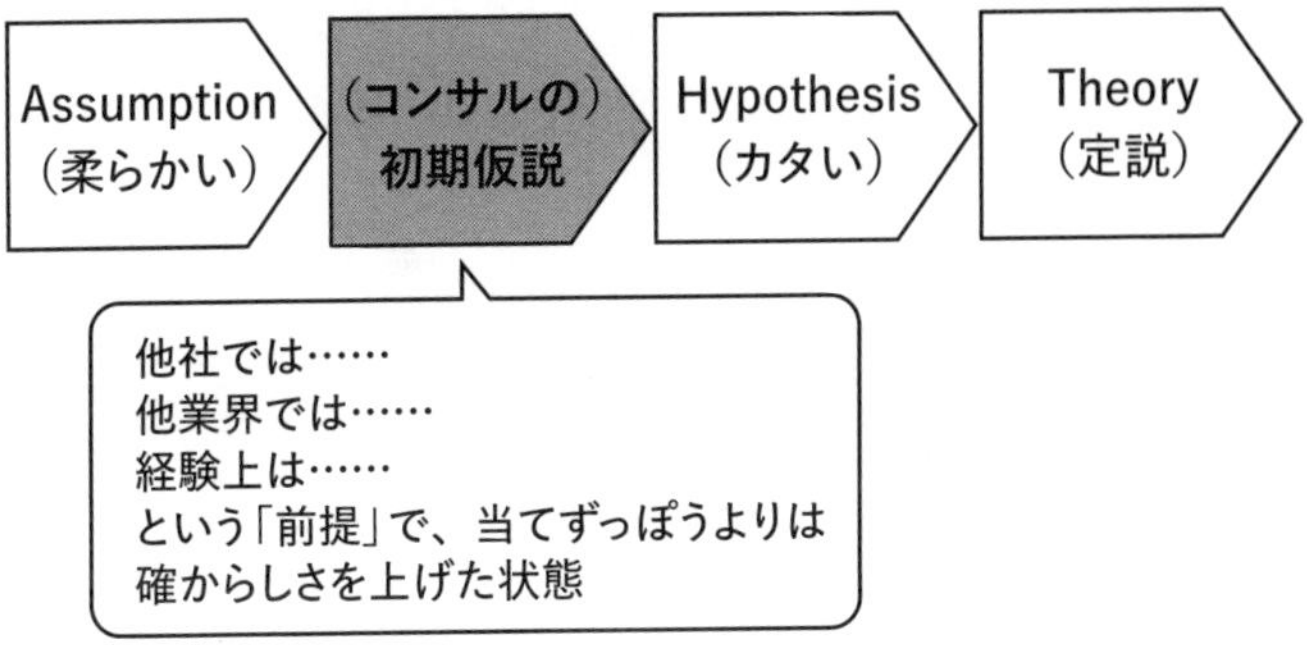

です」と思っているため、うまく会話がかみ合いません。

なお、コンサルタントの初期仮説（プロジェクト開始時や、課題解決のとっかかりとして出す「最初の」仮説）は、多くの場合「assumption と hypothesis の間」くらいに位置します。つまり、「当てずっぽうよりはカタいが、まだ検証はされていない」くらいのカタさ（確からしさ）です。

先ほど、脳内情報を使って仮説を作るというお話をしましたが、その際「単なる当てずっぽうではなくて、もう少し、実態に即した仮の答え、仮の考え」というふうに表現しました。これが、コンサルタントの

初期仮説と同じくらいのカタさです。

事業を推進する皆さんは、主に現場経験を元にして脳内情報を増やしますが、コンサルタントはプロジェクト経験を通じて脳内情報を増やします。その際、他業界や他領域の知識を転用、応用することで、未経験業界・未経験領域でも「assumption より少しカタい仮説」を繰り出せるようになっていくわけです。

Point

- 自分の仮説のカタさを意識することで、相手とのコミュニケーションロスを防げる。
- 当てずっぽうではなく、実態に即した仮の考えは、アサンプションよりカタく、ハイポセシスより柔らかい。

仮説とデータをつなぐ〝データインフォームド〟な思考とは？

●脳内情報とデータ〝も〟使って考えるデータインフォームドな思考

先ほどの例では、目の前の出来事と脳内情報を比べましたが、若手の方、あるいは未経験業界・領域に初挑戦するような場合には、脳内情報が不足し、「assumption より少しカタい仮説」をうまく導き出せない、ということが起こりがちです（コンサルタントは、そういう時にも何かしらひねり出せるように特殊な訓練を受けている、ちょっと変わった人たちだと思っていただくと良いかと思います）。

そういう際にお勧めしたいのが、「目の前の出来事とデータを比較して考えてみよう」、あるいは、もう一歩進んで「データとデータを比較して考えてみよう」という考え方です。

先ほど挙げたような「脳内情報」を基にして考えるためには、経験や知識が必要です。業務経験が浅い人や、転職や異動してきて間もない人に「考えろ！」と指示しても、assumption（柔らかい仮説）しか出てきません。そういう時に、データを上手く使っていけば、光明が見えるのではないか。これが、データ〝も〟使って考える、〝データインフォームド〟な仮説思考です。

目の前に長い行列がある。その原因について考えたい時には、たとえば、過去データから、時間帯別の「稼働レジ数」「レジあたり決済数」「1決済あたりのSKU数（商品数）」を引っ張り出して比べてみましょう。当然ながら、そんなデータを都合よく持ってくるためには、適切なシステムが用意されていなければいけません。そして残念なことに、そんなに素敵なシステムが準備されていることは稀です。

しかし、もしもそういうデータを自在に見ることができるなら、経験不足、知識不足をデータで補うことができるはずです。

とはいえ、先に挙げたデータだけでは行列の長さの原因はわかりません。しかし、レジを開けているのにお客様がいない状態、つまりレジが〝余っている〟時間があったかどうかは「時間あたり決済数」「1決済あたりのSKU数」の推移などから類推可能です。

たとえば、一定時間内にレジを通るSKUの数が大きく減っているような時間帯には「そのレジが余っていた」というふうに考えられます。

また、〝開けていないレジ（稼働していないレジ）〟の存在もわかります。一定時間以上、決済が行われていないレジは「開いていない」と考えられるからです。

そうしたデータと、いま、目の前の状況を見比べると、

・単純にお客様の数が多いのか
・かごに入っている商品が多いのか
・レジを担当する店員の処理速度が遅いのか

などのように、行列の理由を見極めることにつながります。そうした事実がわかると、業務経験が浅い人であっても「特売が理由でお客様が多いのではないか」「連休前で買いだめ目的の人が多いのではないか」「レジ担当に新人が多いからではないか」などの、行列ができた理由を想像することができます。

このように「何かが起きている時」に、その理由をデータ〝も〟使って探しに行くという思考様式が（何度も繰り返す通り）〝データインフォームド〟な考え方です。

◉データとデータを比較するデータインフォームドな思考

さて、次は、「データとデータの比較」について考えてみましょう。

先述した例「目の前の出来事とデータの比較」との違いは、「目の前で起きていること」についても、データから類推していくところにあります。

たとえば、過去データを見ていると、チョコレートの売上は2月に上がる。これは、言うまでもなく「バレンタインデーの需要だな」と考えられます。

しかし、今年は、チョコレートの売上が思ったよりも増えていない。こうなると「何かがおかしい」と感じます。

これは、

「過去5年間の2月の売上データを見ると、その他の月の5〜8割程度増える」

という過去データと、

「今年の2月は、他の月の2割程度の伸びにとどまっている」

という目の前の事象を示すデータを見比べれば、誰でも気づくことができます。

ここで、さらにデータを深く見てみましょう。

チョコレートと一口に言ってもいろいろな分類があります。その店では「生チョコレート」「ボンボンショコラ」「チョコレートケーキ」の3つに分けて管理しています。

例年のデータでは、2月にはそれらすべてがしっかり伸びることで売上が5～8割増になっていました。一方、今年は「生チョコレート」「ボンボンショコラ」は伸びているものの、「チョコレートケーキ」が前年比でマイナスに落ち込んでいるため、全体で2割増にとどまっていました。

こうなると、

・バレンタイン商戦の要である、「生チョコレート」「ボンボンショコラ」は売れている

・しかし、それらと共に売上を伸ばしていた「チョコレートケーキ」が足を引っ張っている

ということを、データとデータを比較する中で見出すことができます。

さらに深く掘り下げるために、週次で「チョコレートケーキ」の売上推移を追いかけると、1月中旬から落ち込みが始まっていて、2月になってからはその落ち方が激しいということも見えてきました。

このようなことがデータから見えると、「生チョコレート」「ボンボンショコラ」には影響を与えないが、「チョコレートケーキ」の売上を下げる要因が、1月ごろから発生しているというふうに考えられます。そうすると、

・近所に「ケーキ屋さん」ができた？
・チョコレートケーキの品質が落ちた？
・値上げした？

などの要因を想像できます。そうです。これが「少しカタい仮説」です。

これらの仮説を基に、周辺のお店情報を調べたり、価格情報を調べたり、ユーザーアンケートを取ったり、店舗にヒアリングしたりすれば、その仮説が正しいかどうかを検証することができるでしょう。

なお、この「データとデータの比較」は極めて大切な考え方であり、非常に有用な技術です。これは、コンサルタントの育成に非常に役に立ちます。私が創業期から関わっている株式会社ギックスでは、この考え方を導入することで人材育成を効率的かつ効果的に実現すると共に、この考え方をベースにした人材育成サービスを外部向けに提供しています。

データを見て違和感に気づき、その違和感の理由についてデータを見ながら考える。このサイクルをうまく回していくことで、知らない業界、知らない領域についても、思考を深めていくことが可能になるのです。

Point

- **経験不足、知識不足をデータで補えるのが〝データインフォームドな思考〟。**
- **データを見て違和感に気づき、データを見て理由を考える。**

データの利用タイミングは2カ所

◉仮説思考におけるデータ利用のポイント

ここまで、目の前の出来事とデータを比較する、もしくは、データとデータを比較する、という考え方をご紹介してきました。仮説思考とデータの相性が良いことはご理解いただけたと思います。

改めて、この一連の考え方における「データ利用のポイント」を、もう少し掘り下げて考えてみましょう。

仮説思考は、仮説を作り、その仮説を検証する、という流れが基本です。この流れを詳しく示すと「①気づく」➡「②仮説を作る」➡「③仮説を検証する」➡「④新たな疑問を見つける」➡「⑤疑問を深掘りする」➡「①気づく」➡……というサイクル

データ利用のタイミングは2カ所

分析は、**仮説思考**が鍵です。「**仮説構築のための気づき**」**を得るため**にデータを見るのか、「**仮説を検証**」**するため**にデータを見るのか。どちらの目的でデータを見たいのかを意識することが重要です。

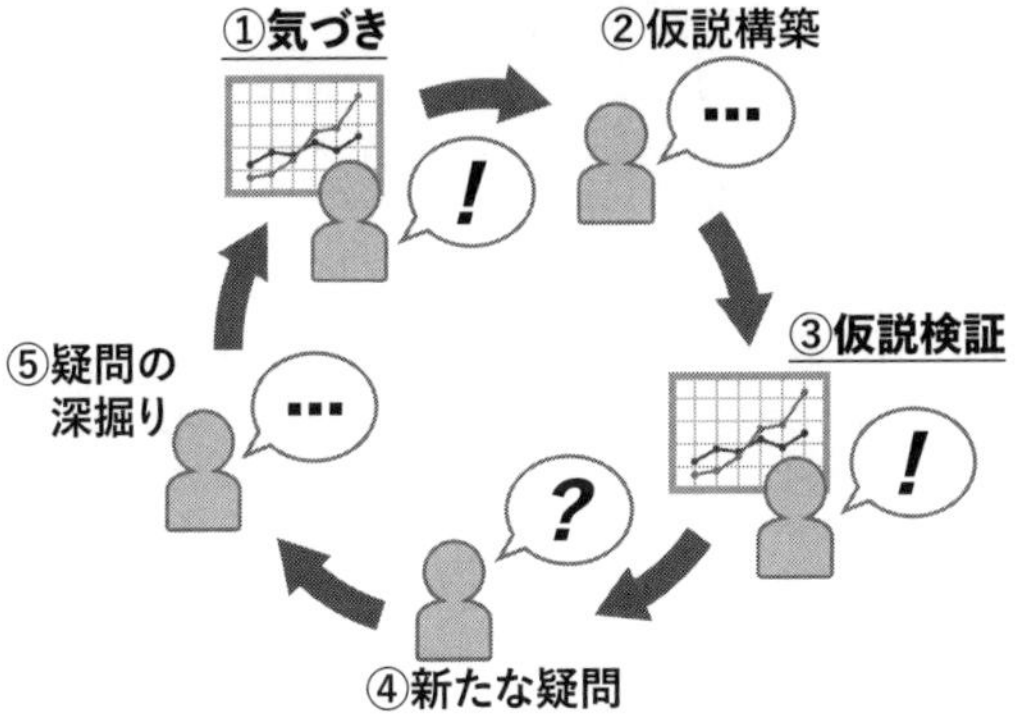

になっています。

●データ活用を成功に導き、仮説思考の効果を最大限に引き出すには？

このサイクルの中でデータを使うポイントは2カ所です。すなわち「仮説を作るための〝気づき〟を得るところ（①）」と「その仮説の正しさを〝検証〟するところ（③）」です。

当たり前のお話だなと感じる方も多いでしょう。しかし、いろいろなところで「データ分析をしたい・データ活用を考えている」というご相談をいただく際に、「気づきと仮説検証の、どちらの目的で分析したいのですか?」とお聞きすると答えに詰まる方が多いのも事実です。

データを使って考えるためのポイントがこの2つであること、また、自分がいまそのどちらに重きを置いているのかを把握しておくことは、データ活用を成功に導くためにも、仮説思考の効果を最大限に引き出すためにも重要です。

それでは、このサイクルを構成する5つのステップを確認していきましょう。

Point

- データ利用のポイントは「気づきを得るところ」と「仮説の正しさの検証」の2カ所。
- データ分析は、「気づき」と「検証」のどちらを目的とするのかを明確にすることが大事。

仮説思考の5ステップ

◉「気づける」か「気づけない」かは、大きな分かれ道

①気づき：データ利用ポイント

最初に行うのが「気づき」を得ることです。気づきとは、言い換えると違和感です。何かが違う。何か普段とは異なることが起こっている。そういうふうに感じ取ることです。

前項でご紹介した「目の前の出来事とデータの比較」「データとデータの比較」の例は、主にこの状況についてご説明しています。

データを見て気づくことができる人は、そのデータを自分の業務と紐づけて捉えることができる人です。そのためには、データの理解だけでなく、自分の担当業務を客

観的に理解することが必要です。

与えられたデータを「単なる数字」と受け流してしまっては、気づくことはできません。「この数字の変化は、現場のどんな変化を表しているのだろう」「この情報は、現場の仕事に置き換えるとどういう意味なのだろう」と考える態度を持つことから始めていきましょう。

このように考えて**業務とデータを照らし合わせていくと、自分の中に基準を作ることができます**。

・「これくらいの混み具合・忙しさだと、1時間あたりの来客数は○○人くらいだな」
・「日曜日は、他の曜日に比べて○割くらい増えるな」
・「夕方のこの時間は、シフト人数が少ないから忙しく感じるが、来店客自体は昼のピークより○○%くらい少ないんだな」

といった感覚が培われてくると、それを基準として「いつもより多い」「いつもより少ない」という情報を、現場にいなくても、データから読み取ることができるようになっていきます。

「気づける人」と「気づけない人」

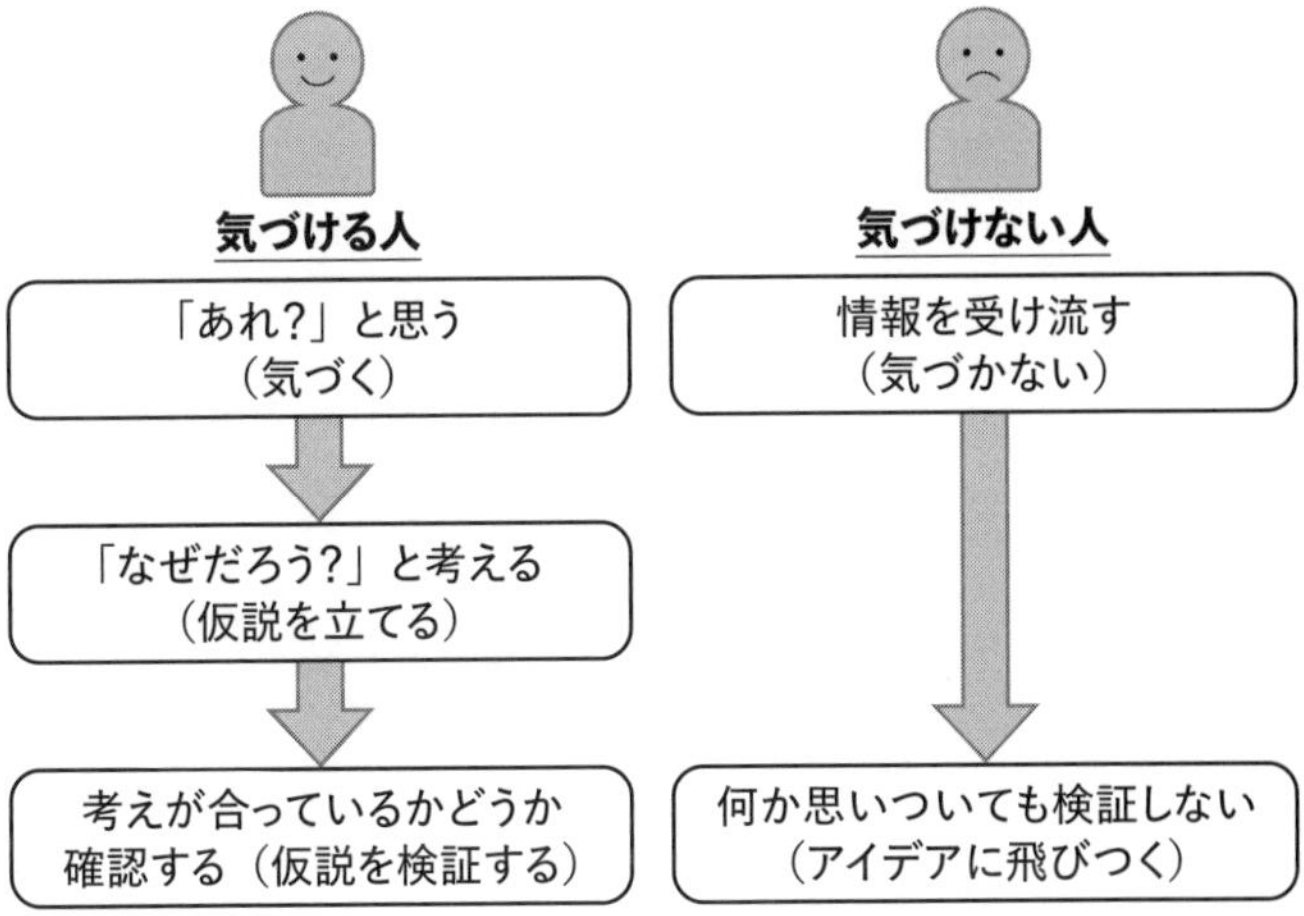

まさに、会議室で事件を起こせる人材です。

●仮説は「何について考えるのか？」とセット

②仮説構築

データを使うポイントは、「気づき」と「仮説検証」と述べましたが、「仮説を作るのにデータを使わないのか？」と思う方もいるでしょう。

しかし、仮説構築は「自分との対話」と捉えるべきです。「気づき」が「何が違うのか」という話であるのに対して、「仮説」は「なぜ違うのか」というお話です。手前のステップで得た「気づき」に対して、「なぜそうなっているのか？」「どうすれば、それを解決できるのか？」などの観点で掘り下げていくわけです。

一言で仮説と言っても、実は、いろいろな種類があります。

・現場の困りごとの仮説（人が足りない、商品が店舗に届かない）
・解決すべき課題の仮説（シフトの組み方が属人的、受発注ルールが不適切）
・解決策の仮説（有識者のノウハウを横展開、新たなパッケージソフトを導入、賃金アップによる採用加速）
・進め方の仮説（半年かけて要件定義をしてシステム導入、1カ月のクイック分析の後に一部店舗で3カ月間の試験導入を実施）……

など、状況に応じて、作り上げたい仮説は異なります。

つまり、**仮説は、「何について考えるのか？」とセット**になっています。これは、データによって決めることはできません。ビジネス人材が、自分自身との対話の中で導き出していくべきものです。

とはいえ、何度も申し上げている通り、業務経験が少ないとなかなかうまく仮説を作ることはできないでしょう。そういう場合には、仮説につながる切り口を探すことをお勧めします。

たとえば、あるレストランにおいて「競合店と自分の店で売上が違う（自店のほうが売上が良い）」という気づきがあったとします。この「違い」の理由について、

・販売されている商品に関する「違い」ではないか
・販売している時間帯に関する「違い」ではないか
・曜日変動に影響を受けた「違い」ではないか

などの「違いが発生した理由の候補」を考えてみるわけです。

こうした切り口が定まれば、次に、その切り口ごとに、自分なりに考えられる仮説

のタネをできるだけたくさん出していく段階に移ります。

〝商品〟の切り口であれば、「最近発売した新商品が好調なのではないか」「以前から取り扱っている定番商品が売れ行きを伸ばしているのではないか」「客単価が上がるように設定したコースメニューが奏功したのではないか」などを思いつくかもしれません。

あるいは〝時間帯〟であれば「ディナータイムが強いのでは」と考えるかもしれませんし、〝曜日〟で考えるなら「週末に違いがあるのではないか」などが思いつくでしょう。

その他にも、祝日であったり、給料日であったり、いろいろな切り口があるはずです。こうした観点で仮説を探しに行くわけです。

●仮説検証では、データを最大限に活用

③仮説検証：データ利用ポイント
続いては、できあがった仮説が正しいのかを明らかにしていくステップです。ここ

では、データを最大限に活用していきます。

当然ながら、仮説の量が多ければ、それだけ検証に手間と時間がかかります。そのため、あらかじめ「正しそう」なものに絞り込んでおくほうが賢明です。

データを見る前に、先輩や上司などに相談してみるのも一手です。もちろん、自分の経験と知識に照らし合わせて、このあたりが〝筋が良さそう〟だなという絞り込みができるなら、それに越したことはありません。

いずれにしても、検証する仮説を決めたら（絞り込まずに全部検証してみる、という考え方もあります。時間や工数に鑑みて判断すると良いでしょう）、それをデータで見ていきます。

先ほどの競合店との売上の差のお話で言えば、〝商品〟の観点の「コースメニューの売れ行きの違い」を検証する場合には、競合店と自店の「商品別の売上」を比較していくことになります。あるいは〝時間帯〟に注目して「ディナータイムの売上の違い」を検証するのであれば、「販売時間帯別の売上」を比較します。〝曜日〟に注目して「週末の売上の違い」を検証するならば、「日別売上」「曜日別売上」を確認していくことになります（実際には、入手できるデータの制約を考慮する必要があります）。

このように、**仮説、すなわち「こういうことなのではないか？」という自らの考えを、データを用いて「本当にそうか？」と確認する。これが仮説検証**です。こうして検証した結果、確からしいということがわかった仮説は、周りの人にも自信をもって説明していくことができます。

●仮説が間違っていても、得るものはある

④新たな疑問

しかしながら、多くの場合、「仮説が完全に正しい」ということにはなりません。ここでポイントになるのが「たとえ仮説が間違っていても、得るものはある」ということです。

もちろん、仮説が合っているに越したことはありません。しかし、たとえば「ディナータイムの売上には〝思ったほどの〟差がなかった」とします。

これは仮説が間違っていたということにはなりますが、その一方で、もしも「すべ

ての時間帯でまんべんなく競合に勝っている」ということがわかれば、それはそれで新しい発見が得られたと言えます。

この発見は「なぜ、すべての時間帯で競合に勝てているのか？」という疑問につながります。これが、新たな疑問です。

同様のことは仮説が合っている場合にも起こりえます。

たとえば、「週末の売上に差があるはず」という仮説を検証した際に「確かに週末は勝っている」ということがわかったとします。

しかし、それと同時に「なぜか、週の初めにも差がある」という事実を発見することができれば、それが「新たな疑問」になります。

仮説検証は一回きりの作業ではありません。何度も繰り返す中で、より確からしい仮説を探し求めるものです。そして、仮説検証を行うたびに、そこで得られた新たな知識・発見を、自分自身の中に蓄積していくことが重要です。この知識・発見がすなわち「新たな疑問」です。今までに自分の中になかった着眼点を見つけ、それを自分の糧にするわけです。

そうすることで、あなたの仮説思考は研ぎ澄まされ、次の機会には、もっと良い仮説、もっと確からしい仮説をいきなり導き出すことができるように成長することでしょう。

●「自分の経験則にはない、想定外の理由」を探る視点を持つ

⑤疑問の深掘り

そうして得られた「新たな疑問」に対して、再度、自身との対話を行います。それが、「疑問の深掘り」です。ここでのポイントは、「自分の経験則にはない、想定外の理由があるんじゃないか」という視点を持つことです。もし、あなたが経験したことがある理由、知っている理由に起因した〝違い〟であれば、「仮説構築」のタイミングで、その切り口を見出していた可能性が高いはずです。

さきほどの「確かに週末に差があったが、なぜか週初めにも差がある」という事実をきっかけに、「なぜ、週の初めにも差があるのだろう？」という新たな疑問を抱いたケースを考えてみましょう。

もし、あなたが仮説構築の際に「競合店の周辺は、週末に人通りが少ない」というような知識を元にして仮説を作っていた、のであれば、それだけでは「週の初めにも売上に差がある」ということには説明がつきません。なにか、他の理由があると考える必要がありそうです。

たとえば、週の初めの売上が多いということは、月曜と火曜に何かが起こっているわけです。そうなると、

・周辺の飲食店がお休みで、その分のお客様が流入してきている
・火曜日に提供している日替わりメニューに人気が集まっている
・(知らないうちに)タウン誌で紹介されていた

などという理由を想像できるかもしれません。

こうした理由は「来店客数」「客単価」「販売数量」「商品単価」などのデータを曜日

別に分析することで、アタリをつけて考えることができそうです。つまり、そういうデータを確認することで週初の売上増加は「多くの人に売れているから」なのか、「人数は変わらないが、1人あたりでたくさん買ってくれているから」なのかを把握したり、1人あたりの売上が多いという場合には「購入点数が多い」のか、「商品の単価が高い」のかを理解したりできる、というわけです。

もしくは、さらに大きく視点を変えて「週末と週初に売れている」ということを、「週の半ば〝だけ〟が売れていない」という捉え方をしてみることもできます。この視点に立つと、今まで「週末（金・土・日）」と「週初（月・火）」に注目していたところから、一気に「水・木」について考えることになります。そうすると

・水曜・木曜に周辺の会社が休みの可能性はないか……
↓いや、競合店はそんなに落ち込んでいないから、そういうことではなさそうだな
・水曜・木曜は、普段来るお客様が来てくれていないのではないか……

↓日替わりメニューが不評なのかもしれない
・週末や週初に来店して「週1回で十分だ」と思われているのでは……
↓であれば、週2回来たいと思える工夫は何かないか

などのような発想がでてきます。

このような考えを踏まえて改めてデータを見ることで、また新しい「気づき」が得られます。そうした気づきをきっかけにして、再び、仮説構築・検証プロセスに進んでいくことになります。

Point

・仮説思考は「① 気づき」→「② 仮説構築」→「③ 仮説検証」→「④ 新たな疑問」→「⑤ 疑問の深堀り」→「① 気づき（2周目）」のステップを繰り返すことで研ぎ澄まされる。

データを見る時にやってはいけないこと

◉データを見る際の「3つの禁じ手」

このように、データを用いて仮説作りのための気づきを得たり、仮説を検証したりしていくわけですが、ここで「やってはいけないこと」つまり、禁じ手を理解しておきましょう。これらは、データを見ること、データを理解することに不慣れな人が、やってしまいがちなことでもあります。

◉禁じ手1　データの解釈を捻じ曲げる

自分の考えていることと、データの示すものが、どうにも整合しない。これは、データが間違っているのか、自分が間違っているのか、果たしてどちらなのだろうか……と思い悩むことは多々あります。

もちろん、データそのものが間違っていることはあります。集計期間が短かったり、一部のお店や、一部の年齢層のデータだけを取り扱っていたりすると、得られる示唆が変わってしまいます。また、集計作業をミスしているケースもあります。データの正しさを確認する姿勢も大切です。

その一方で、データを都合よく捻じ曲げて解釈したり、事実から目を背けたりするのは、絶対に避けるべきです。たとえば、

・週次売上が徐々に下がってきているが、毎年そんなもんだと思うから無視しよう
・4週間連続で、月曜の売上が土日を上回っているが、たまたまだろう
・女性客の比率が下がっているが、誤差の範囲だからいったん放置しておこう

などという判断を、特に根拠もないままに行ってしまうのは危険です。

週次売上の低下が「例年通りの傾向なのか」は、昨年、一昨年のデータと見比べて

判断すべきです。

4週連続で売上の逆転現象が起こっているのなら、どの商品、どの時間帯、どういうお客さんに違いが出ているのか、売上の内訳を確認してみるべきです。また、過去に似たような「月曜＞週末」という傾向が出た週があったかどうかを調べて、その時の状況と見比べてみることなども有効です。

女性客の比率が下がっている場合は、まずは「絶対数」が減っていないかを確認しましょう。女性客の人数が維持されたままでも男性客が増えていたら、女性比率は下がります。一方で、女性比率の低下が些少であったとしても、男性客が減り、女性客がそれよりも減っているというケースもあります。その場合は、非常に危険な兆候ですので、悠長に構えているのはお勧めできません。

データは、その集計方法が間違っていなければ、正しい事実を提示してくれるものです。そのデータが示す客観的な事実をしっかりと受け止める姿勢を持ち続けるよう強く意識していきましょう。

◉禁じ手2　自分の勘・経験に固執する

経験豊富な方にありがちなのが、成功体験・固定観念に固執してしまうことです。

・春になり、気温が上がってくるタイミングで、この商品が良く売れるはずだ
・このサービスの解約率は、年間〇〇％程度で安定している
・あの店舗は学生が多く訪れるので、学校が休みになる期間は大きく売上が下がる

こういう自らの経験に基づいた仮説を、現場経験が豊富な営業所長や幹部社員はたくさん持っています。まさに、勘・経験・度胸（ＫＫＤ）です。

こうしたＫＫＤをデータと見比べた時に、「何か違う」「何かがおかしい」という結果が出ることがあります。

このタイミングで、データの解釈を捻じ曲げてＫＫＤを優先してしまうと、大きな判断ミスにつながります。世の中にＫＫＤに対する批判的な意見があるのは、このよ

うな「ＫＫＤ重視、データ軽視」になっている組織が少なからず存在しているためです。

せっかくデータという客観的事実に触れる機会が訪れたわけですから、これを「ＫＫＤをアップデートするチャンス」「知識を最新化する良いきっかけ」だと捉えるべきです。自分の手元の情報が古くなっている可能性に目を向け、経験・知識の陳腐化リスクを認識するわけです。

現場の状況は、刻一刻と変わります。数年も経てば周囲のお店が入れ替わり、新しいマンションが建ったり、学校が移転したりすることも珍しくありません。また、消費者の嗜好も変わりますし、接触するメディアも変化します。変化の速度は業界や地域によって異なりますが、それでも5年前の知識を「最新」とは言えないでしょう。

現場でバリバリやっていた時の知識、営業として客先をめぐっていた経験、それらは非常に尊く、価値があるものです。

しかし、それをアップデートすることなく放置していては、実態と異なるＫＫＤを現場に押し付けることになってしまいます。

こうした事態を避けるためには、「現場にいる時から、データを見る癖をつける」ように心がけることが望ましいです。自分が得た経験・知識を、データで表現するとどのようになるのか、を常に確認しておくわけです。

ある家電製品をお買い上げいただく際に、一番売れているオプションが延長保証サービスで、二番目に売れているのが予備バッテリーだったとします。この比率はいったいどれくらいでしょうか。たとえば、延長保証が3割で、予備バッテリーが2割だったとします。さて、この3割と2割は、どれくらい重なっているのでしょうか？　まったく重なっていない（すべて別の人が買っている）ということはないでしょう。これもデータで確認しておきましょう。また、その家電製品の価格帯によって、売れているオプションが違ったりはしませんか？　高額商品になればなるほど、延長保証が売れている、というようなこともわかるかもしれません。

こうした部分まで踏み込んで「データで」理解していれば、その店舗を離れてからも、「データ」を見るだけで、何が起こっているのかを推測することができるはずです。

あるいは、あなたの働くお店で、ある日「今日は、女性客がとても多いな」と思ったとします。さて、それは、どれくらいの多さなのでしょう？

もしかしたら、普段は男性客が9割以上を占めているお店のため、女性が2割を超えると「とても多い」と感じているのかもしれません。こうした「主観的に感じたこと」を「客観的なデータ」と組み合わせておけば、数年後に、その店舗の「女性客比率が常に3割を超えている」というデータを見た時には、「この店は、自分が知っている当時とは別物だ」と理解することができます。

自分自身の感覚をデータという客観情報に置き換えて捉える訓練が、現場から遠く離れた会議室で「現場の状況」を想像する力を養うことにつながります。

◉禁じ手3　論理性を軽視する

「あなたが論理的に考えているどうか」は、データを見るうえで極めて大切な要素です。何度も繰り返し述べてきたように、データは客観的な事実を示すものです。

一方、人間の考えは、どこまで突き詰めても主観的にならざるを得ません。どこかに感情や気持ちが入りますし、なにかしらのバイアス（偏見）がかかります。これを、最小限に押しとどめるために重要なのが「論理的思考」です。

自らの仮説を、誰かに説明するつもりで、文章にしてみてください。具体的には、以下の質問に答えられるように書いてみましょう。

・まず、事実として、何が起こっていますか？
・その事実が起こっている理由は、なんだと考えていますか？
・そのように考えているのには、どんな根拠がありますか？

もし、うまく書けない、つまり、うまく説明できないということならば、おそらく、その仮説は論理的に破綻しています。

たとえば、以下のような説明だとどうでしょう？

・事実：売上が下がっている

・理由（仮説）：最近、天気が悪かったから
・根拠：雨の日には、みんな出掛けたくないから

パッと見ると「まぁ、そうなのかもな」と思うかもしれませんが、少なくとも最後の根拠が弱すぎます。確かに、雨の日に出掛けたくない人は多いでしょう。しかし、必要なものを買うためであれば、出掛けたくなくても出掛けるはずです。その商品が、「明日で良い」「来週で良い」という性質の商品だから、みんな買いに来てくれない、というお話なら、まだ根拠として理解できます（そして、データで検証することもできそうです）。

また、そのお店が駅ビルやアーケード街などに入っている場合には、天気が良くても悪くても、売上への影響は限定的かもしれません。そうなると「天気が悪かったから」という理由そのものが、論理的におかしくなってきてしまいます。

物事を考える際には、いろいろな前提があります。立地条件や客層、取り扱っている商品・サービスの種類、価格帯など、そうした前提情報も組み合わせながら、自分

の考えは、果たして論理的に「正しそう」なのか、と見直してみましょう。

考えが論理的でなければ、データを用いて考えることはできません。論理的に考えるからこそ、データという客観的事実が役に立つのです。

データと向き合い、データを用いながら思考を研ぎ澄ましていくためのスタート地点は、そもそも、自分の考え・仮説が「論理的ではない可能性」を認識することなのです。

Point

- データは客観的事実。自分の仮説に合わせて都合よく捻じ曲げない。
- 自分の情報が古くなっていないか考え、常にアップデートする意識を持つ。
- 自分の仮説に綻びを見つけたら、潔く捨てて、仮説を立て直す。

データとの理想的な向き合い方

◉気づくために「基準」を持つ

先ほどは禁じ手をご紹介しましたが、今度は理想的なデータの見方、データとの向き合い方のお話です。

データを見る際に、最もハードルが高いのが「データから〝気づく〟こと」です。データ活用のポイントは〝気づく〟と〝仮説検証〟の2点であることはすでにお伝えしました。

このうち、〝仮説検証〟はすでに検証すべき仮説があり「それが正しいかどうか」を考えるというクローズドクエスチョン型の思考になりますが、〝気づく〟のほうは「何が起こっているか」を考えるというオープンクエスチョン型の思考が求められます。

〝仮説検証〟が規定演技であるのに対して、〝気づく〟は自由演技なわけです。データから〝気づく〟ことができる人は、データを自分の業務と紐づけて捉えることができる人です。これができないことには、データとビジネスをつなぐ人材、ビジネス人材として活躍することはできません。

では、**どうすれば〝気づく〟ことができるようになるのでしょうか。**

答えは「基準を持つこと」です。たとえば、あなたが「あの人は背が高い」とか「回転寿司は安い」というようなことを考える時、この「背が高い」「価格が安い」は、何らかの基準と比較して判断しています。

背が高いは、自分自身の身長や、友人・知人との比較なのかもしれません。回転寿司の安さは、高級寿司店と比べていると考えられます。ここで大切なのは、基準が変わると評価結果も変わる、ということです。バスケットボール選手やバレーボール選手と比べると、その人の背は「低い」ということになるでしょう。スーパーやコンビニのパック寿司と比べると、回転寿司も「高い」というお話になります。

「気づく」とは、基準と比べて「違い」を見つけること

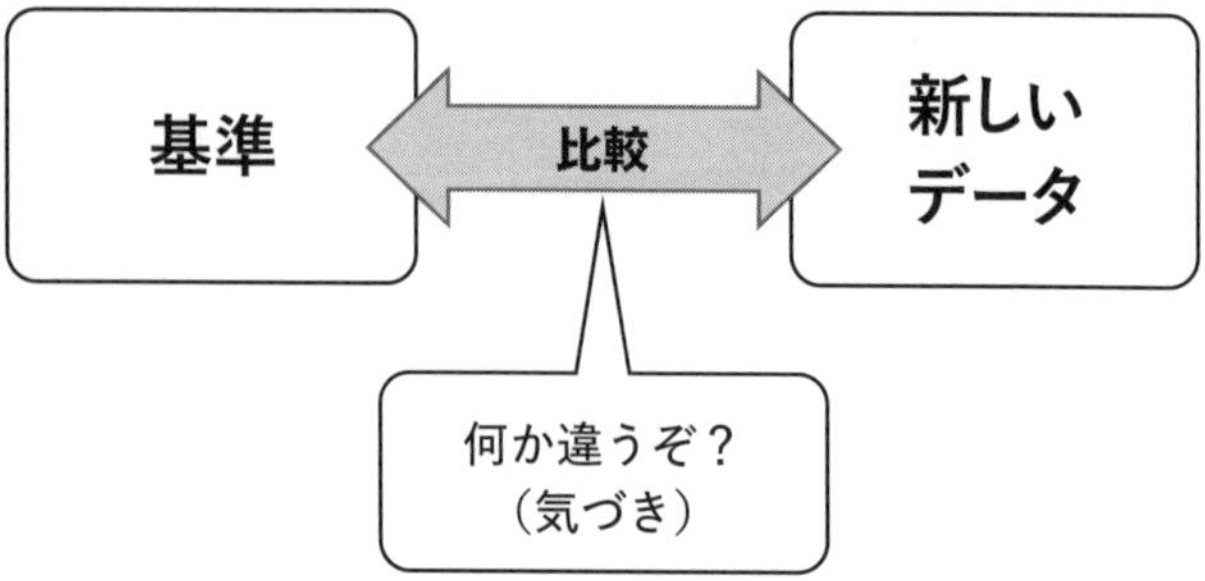

自分の中に、どういう基準を持っておくかが極めて大切なのです。

ビジネスの現場に目を向けてみましょう。「普段よりレジが混んでいる」というなら、それは「普段の混み具合」を基準にしています。「雨の日なのに、お客様が多い」というなら、それは「雨の日の平均的な来客数」を基準にしています。

こうした基準は、多くの場合、勘・経験に基づいた定性的なものになりがちです。そのままでは、他の人に伝えたり、別の状況に転用したりするのが難しいという問題があります。そこで、この基準をデータに基づいたもの、つまり定量的な基準にすることが重要です。

◉基準を作る3つの方法

定量的な基準を作る方法は、3つあります。

①継続的に同じデータを見続ける（自らの中に「定量的な経験則」を作る）
②ある期間のデータを基準とする（「対象物」を固定して期間を変える）
③比較対象物のデータを基準とする（「期間」を固定して対象物を変える）

それぞれのやり方について、詳しく見ていきましょう。

基準作り①：継続的に同じデータを見続ける

王道とも言うべきやり方が、この「継続的に同じデータを見続ける」です。

同じデータを毎日見ていると、その変化に敏感になります。また、規則的な変化を捉えることもできます。

たとえば、日次の売上データを見ていれば、「平日に比べて、週末の売上が下がっている」というようなことは簡単に捉えられます。そうすると「次の週末も、平日よりは低いだろう」と予測することができます。そして1週間たって、上記の予測が当たっていたことをデータで確認すると「やっぱりそうだったか」と、自分の感覚の確からしさを高めることができます。

ところが、週末が終わり、月曜日になっても売上が増えていない、というデータが出てきた場合はどうでしょう？　これが「普通はこうなるはず」という基準と、データを比較して〝気づき〟を得るということです。

このような基準は、業務経験を積む中でどんどん蓄積されていきます。大切なのは、こうした「データによって得られた〝気づき〟」が、あなたの主観的・定性的な感覚を、客観的で定量的な情報に置き換えてくれるということです。

また、データは嘘をつきませんので、場合によっては「あなたの感覚が間違っている」と教えてくれることもあります。「月曜の朝はもっとレジが混むはずだ」、あるいは「今月の資料請求は普段より多い」というふうに感じた時に、実際のデータを見てみると、「レジ通過数はいつも通り」とか「資料請求数は普段より少ない」とかいった

継続的に同じデータを見続ける

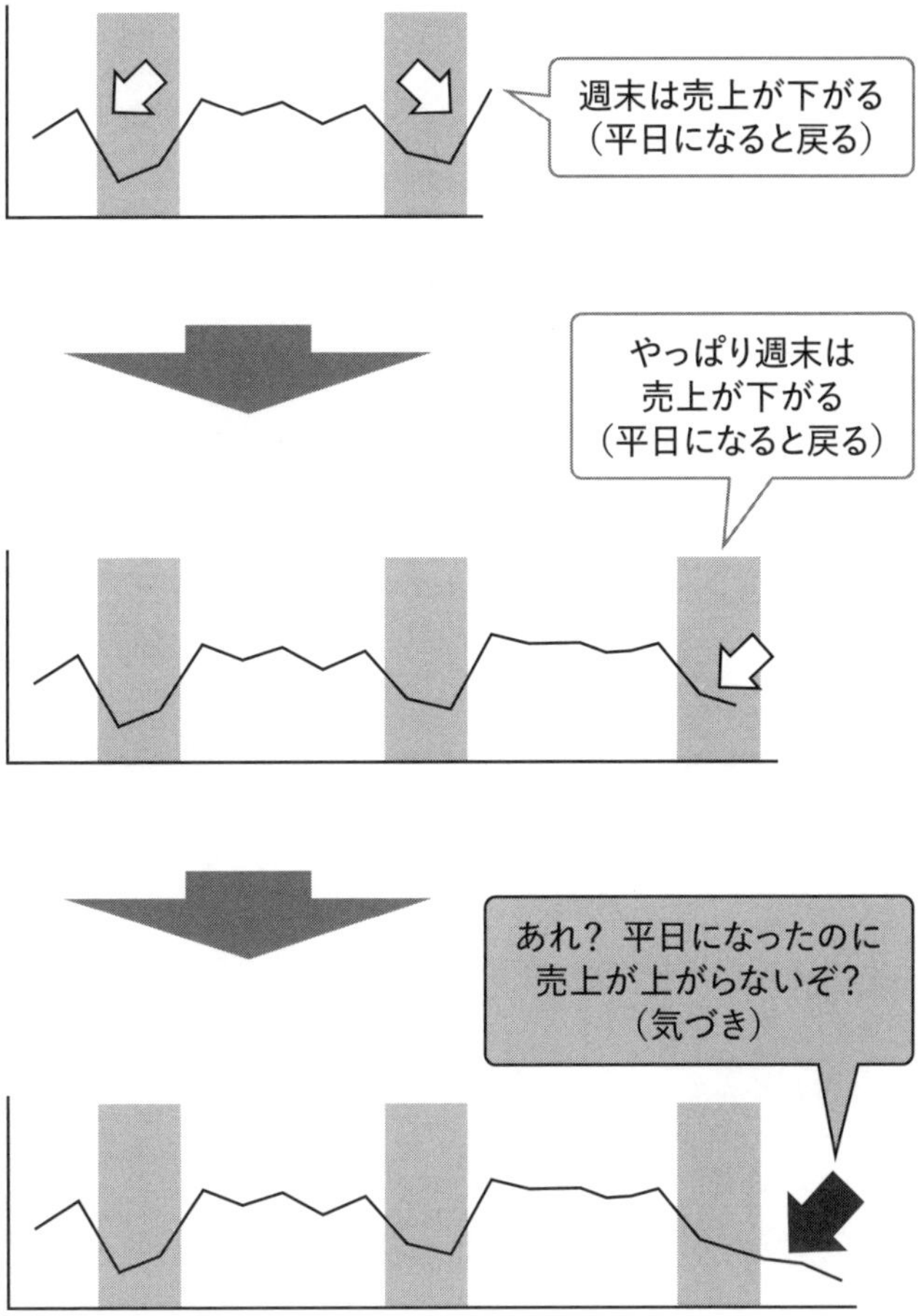
週末は売上が下がる
（平日になると戻る）
やっぱり週末は
売上が下がる
（平日になると戻る）
あれ？ 平日になったのに
売上が上がらないぞ？
（気づき）

結果になったとします。そういう場合は、感覚のほうを修正する必要があるわけです。

この、王道アプローチは非常に有効なのですが、残念ながら「基準ができるまでに、非常に時間がかかる」という欠点があります。必要な数字を継続的に入手し、それを定期的に見て、何らかのルールや法則性を見つけ出す。これを実現するには、多大なる時間と労力が求められます。

基準作り②：ある期間のデータを基準とする

1つ目のやり方は、自分の内側に基準を作る、というものでした。ここからご紹介するのは、自分の外側に基準を作る方法です。

まず最初に「基準期間」を設けるやり方をご紹介しましょう。

あるお店、あるいは部署の、週次売上グラフを見ているとします。当然ながら、毎週毎週、売上は上下します。その際に、たとえば「当月（直近4週間）」と比較するための「別の4週間」を決める。これが、「ある期間のデータを基準とする」やり方です。

対象物（部署や店の売上）を固定したまま、その期間を変えて比べるわけです。

売上比較の例であれば、一般的には、先月と比べる（＝前月比）、もしくは前年の同じ月と比べる（＝前年同月比）のどちらかを用いることが多いでしょう。

前年同月比で見比べる場合であれば、

・昨年と比べて、売上は増えているか
・増えたのは、どういう商品か
・反対に売上が減っている商品はないか

などの観点で分解して見ていくと、〝気づき〟を得ることができるはずです。

また、その際に「ある商品の売上が倍になっている」ということがわかった場合には、「その商品だけの売上推移」を見て、いつごろから増えたのかを確認していくと、さらに新しい〝気づき〟につながっていきます。

このやり方であれば、ある対象物（部署、店舗、商品など）の時系列データさえあれば、誰でも比較を試みることができます。長い時間をかけて、自分の内側に基準を作り上げていく必要はありません。任意の「過去」と「現在」を比べるだけの、極めてシンプルなやり方です。

2つの期間区分（基準期間と比較期間）の間に、どういう差があるかに注目するだけですから、データを見ることに不慣れな人でもトライしやすいやり方だと言えるでしょう。

基準作り③：比較対象物のデータを基準とする

続いては「対象物」に注目するやり方です。先ほどとは違い「ある特定の期間」のデータのみを用います。

あなたが担当する支店と別の支店の売上を比べるというシーンを想像してください。あなたの担当支店とA支店、B支店、C支店、D支店があるとします。この売上情報を比べるとすると「月」とか「四半期」、あるいは「年」という「期間」を揃えた状態で比較することになりますね。

こうして見た時に、D支店が一番売上が大きく、B支店が小さい。担当支店、A支店、C支店は似たような売上でした。

今度は、それを商品別に分解してみましょう。新商品の販売割合で見ると、担当支店、A支店、C支店が高いということがわかりました。売上の大きかったD支店と、売上が小さかったB支店は、その大半を既存商品で稼いでいます。

さて、このデータから、あなたの担当支店はどういう状況にあると考えられるでしょうか。

おそらくは、担当支店、A支店、C支店は「新商品販売に注力している」のでしょう。そうなると、新商品を売らずに、既存商品に頼っているD支店とは性質が異なるというお話になります。つまり、D支店とは比べても仕方がない、という可能性が出てきます。さらに言うと、売上が小さく、新商品も売れていないB支店も、性質が違う店だと考えられます。

つまり、

・グループ1：新商品販売に力を入れている担当支店、A支店、C支店
・グループ2：売上は大きいが新商品に力を入れていないD支店
・グループ3：売上も小さく、新商品に力を入れていないB支店

というふうに区分できます。

ここまでくると、グループ1の中で「新商品」の販売先が似ているかどうか、「既存商品」の販売も伸びているのか、あるいは維持に留まったり、場合によっては下がってきたりしているのか、などを支店ごとに比べてみようという考えが浮かびます。

つまり、先ほどご紹介した「基準期間」を設けて見比べるやり方を組み合わせていくわけです。

このように、**自分の外側に基準を作るやり方のほうが比較的簡単に取り組めます。データ分析・データ活用に馴染みが薄いビジネスパーソンの方には、これらのやり方が適している**と言えるでしょう。

ぜひ、②ある期間のデータを基準とする、③比較対象物のデータを基準とする、にトライしてみてください。

Point

- **気づきのコツは、「自分の中に基準を持つ」こと。**
- **まずは「自分の外側に基準を作るやり方」からトライしましょう。**

どうすれば「違和感」を持てるのか？

◉気づくために「比較」する癖をつける

〝気づき〟を得るために、基準を作るというやり方をご紹介しましたが、ここで少し注意が必要です。実は、先ほどご紹介した②、③の、自分の外側に基準を作るやり方では〝違い〟に気づくにとどまり、〝違和感〟を抱くに至っていません。

〝気づき〟は、データを見て〝違い〟を認識したうえで、「何かおかしいのではないか」「普段と違うことが起こっているのではないか」といった〝違和感〟を覚えることによって生まれます。

ここからは、どのようにすれば〝違和感〟を覚えられるのかについて解説します。

「違和感」を持つための手順

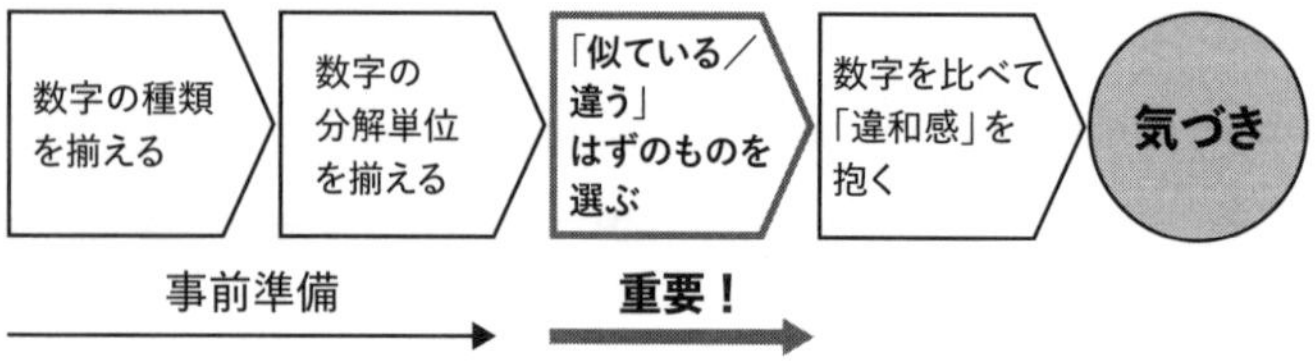

ポイントは「似ている（違う）はずのものを、比較対象に選ぶ」ことです。

本来似ているはずのもの同士を比べた際に、思ったほどには似ていなければ「おかしいな」と思うでしょう。反対に、本来違う（似ていない）はずのものを比べて、存外に似ているぞということになると、これもまた「おかしい」と感じることになります。

たとえば、ある小学校の全校児童のソフトボール投げの記録があったとします。

この時、5年1組の平均記録と、5年2組の平均記録は、どれくらい違うと思いますか？

おそらくは「ほぼ同じ」ということになるはずです。1人ひとりを見れば、長い距離を投げられる児童もいれば、短い距離しか投げられない児童もいますが、35〜40名の平均をとって比較すれば、大きな差は生まれない「はず」です。

もし、ここで「大きな差」があったとするとどうでしょう。これは「似ているはずのものが、似ていない」という驚きにつながります。

同じデータで、今度は5年生の男女を比較してみましょう。

一般的に、この手の体力測定では、明らかな男女差が出ます。実際、10歳児の平均データでは、男子が22m程度、女子が13~14m程度です。「違っていて当たり前」なのです。

それにもかかわらず、この小学校では「ほぼ差がない」という結果が出たとするとどうでしょう。何かがおかしい。何か理由があるはずだ。と考えるのが自然です。

このように「似ているはずなのに、似ていない」、あるいは「違うはずなのに、似ている」というふうに物事を捉えられると、〝違和感〟を覚えるきっかけになりやすいのです。

◉似ている（違う）はずの「対象物」を比較して気づく

あるお菓子屋さんの店舗Xにおける売上を見た時に、チョコレートの売上推移とケーキの売上推移に分けてみると、チョコレートは2月の売上が高く、ケーキは12月の売上が高いことがわかりました。

おそらく、バレンタインの影響とクリスマスの影響なのかな、と思い至ります。

この推移を比べて「チョコレートとケーキは、売れている時期が違う！」と言っても、誰も驚きません。「もともと違うはずのものは、違っていて当たり前」だからです。

しかし、店舗Xのチョコレートの売上と、別の店舗Yのチョコレートの売上を比べてみる時はどうでしょうか。この2つは、同じ性質のもの同士ですから「似ているはずです。もし、ここで店舗Yの2月の売上が高くない場合には〝違和感〟を覚えるはずです。

この考え方は、先に198ページで紹介した「③比較対象物のデータを基準とする」の応用です。X店のチョコレートの売上を基準として、同じ期間の店舗Yと比べ

「似ているはずのもの」の比較から違和感を持つ

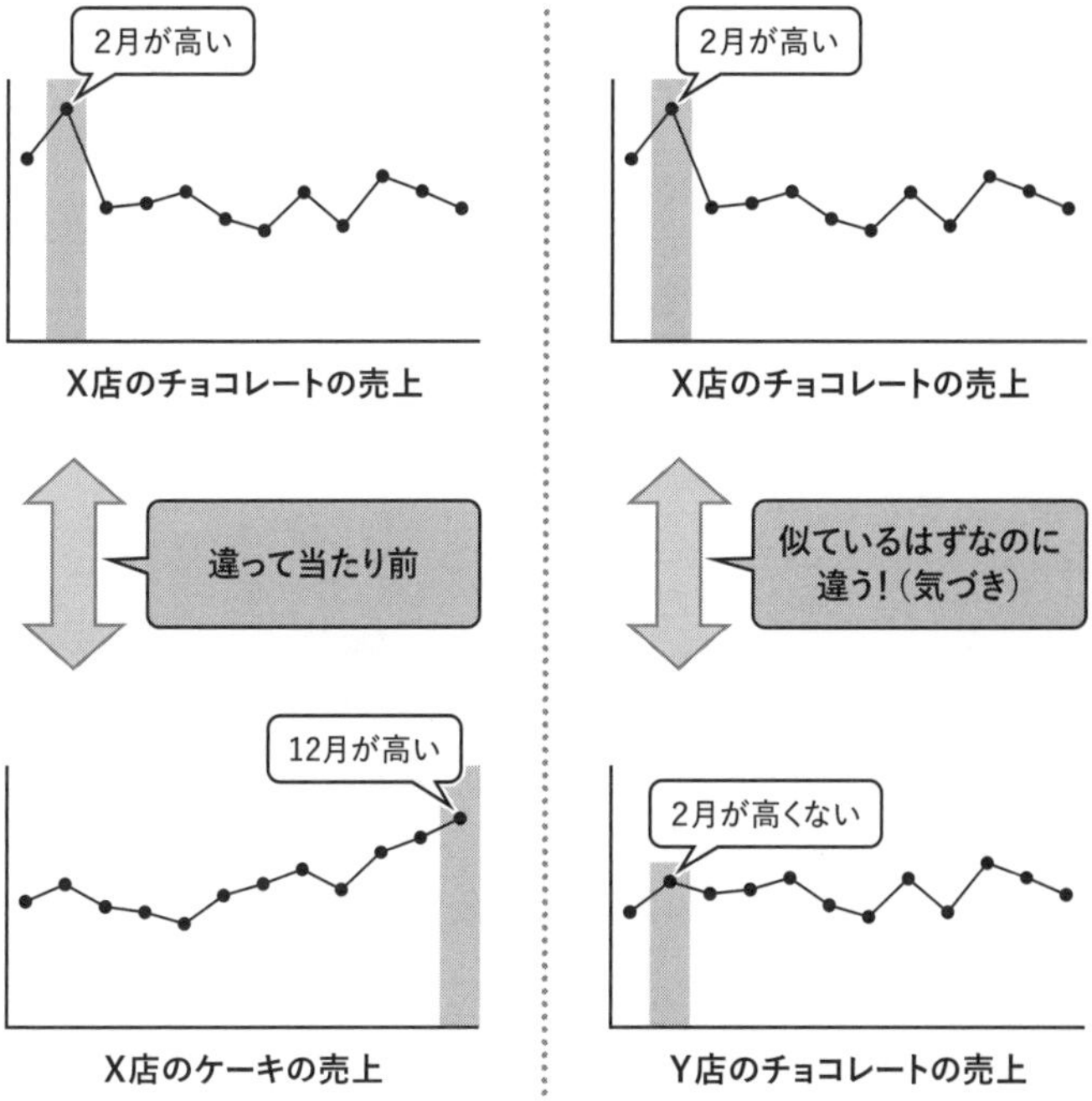

ることで、〝違和感〟を探しにいっています。

◉似ている（違う）はずの「期間」を比較して気づく

続いては、②ある期間のデータを基準とする、の応用です。

「2月にチョコレートがよく売れる」は当たり前でした。その時に、12月と2月を比べても仕方ありません。似ていなくて当たり前だからです。普通は、1年前の2月（前年同月）と比較します。「似ているはず」の期間同士を比べるわけです。ここで「明らかな差」が見つかれば〝違和感〟につながります。

仮に「去年と同様に、2月は好調」という結果であったとしても、「今年は去年の1・3倍売れている」とか、「去年は1月の1・8倍まで伸びたが、今年は1月の1・4倍に留まっている」とかいったことがわかれば「何か、特別な理由があるのではないか」と考えを深めていくことができるでしょう。

あるいは、本来は「似ていないはず」の期間を、「似ていないだろう」という前提で

「似ていない（違う）はずのもの」の比較から違和感を持つ

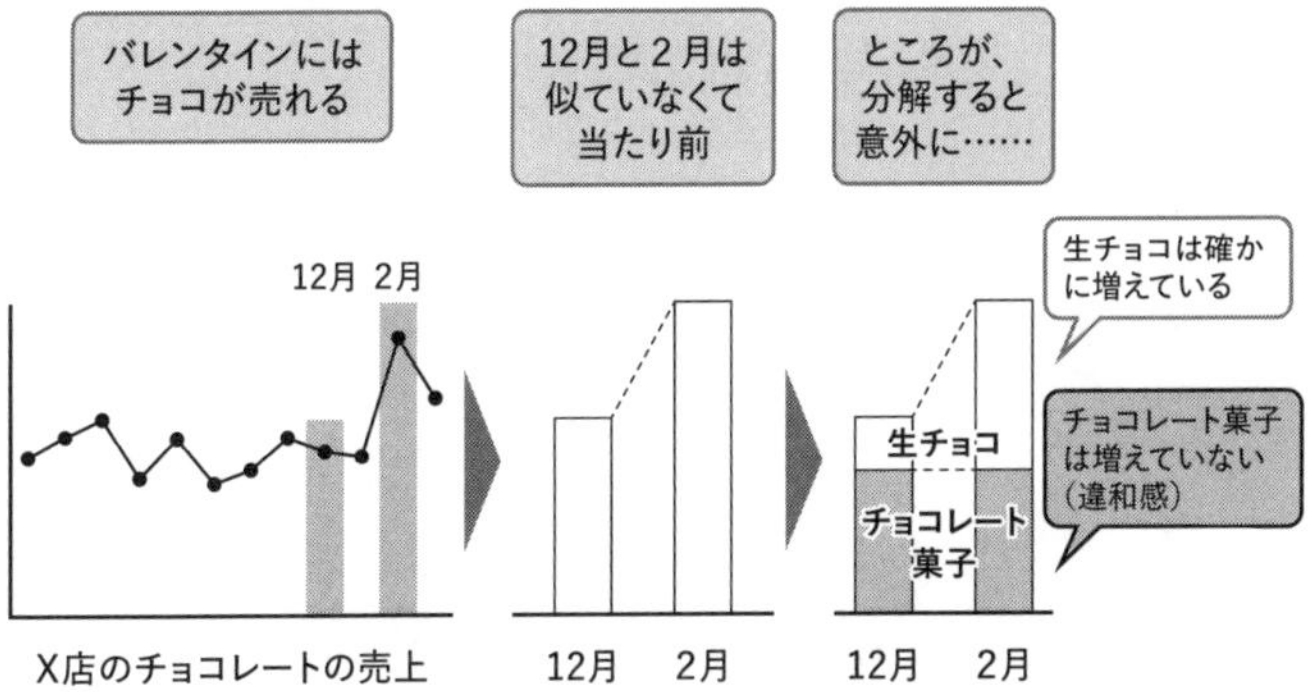

比較してみると、新たな発見があるかもしれません。

先ほど、12月と2月の比較には、あまり意味がないと断じましたが、そこを敢えて比較してみると、思わぬ景色が見える可能性があります。

たとえば、この店ではチョコレート商品を「生チョコ」と「チョコレート菓子」の2つに分けて管理していたとします。売上データをその2つに分解して見てみると、「生チョコ」は圧倒的に2月のほうが売れているが、「チョコレート菓子」は12月とほぼ同じ、という結果になったとすればどうでしょうか。

「なぜ、生チョコだけ売れるの？」と感じませんか？　これは、言い換えれば「どうして、チョコレート菓子は伸びないのか?」という感想です。「12月よりたくさん売れていて当然なのに、同じくらいにとどまっているのには、何か特別な理由があるはずだ」という〝違和感〟です。

データを見るに際して、常に、このような〝違和感〟を持てるように訓練していけば、経験が少ない人や現場を離れてしまった人であっても「データから〝気づき〟を得る」ことが可能です。

そうすることで「データとビジネスをつなぐ人材」、つまり「ビジネス人材」として活躍し、組織に貢献することができるようになります。

●前提を揃えて比較対象を決める

比較する際に、もう一つ大事な考え方があります。

たとえば、コンビニで、おでんが売れるのは何月からでしょうか?

答えは「店頭に置いていれば、何月でも売れる」です。

もちろん、たくさん売れるのは秋が深まり、気温が下がってからです。しかし、真夏であっても、エアコンで冷え切った体を温めたいというニーズがあるオフィス街などでは、おでんを買う人は存在します。

ですから、商品を置いていれば、多少は売れるのです。このことを理解するためには「おでんが売れたかどうか」だけではなく、「そもそも置いていたかどうか」をセットにして考えなければいけません。コンビニという業態の性質上「店頭に置いていないと絶対に売れない」のですから、それを無視していては本質にたどり着けないでしょう。

そのため、ある月のおでんの売上を分析するなら「店頭に置いている店」と「店頭に置いていない店」を分けて見ることが大切です。店頭に置いている店の中で、売れている店と、そうでもない店があることを確認したうえで、「その違いは何か？」を考えていくわけです。

一方で、「暑いうちから置いている店」と「寒くなってから置き始めた店」を比べる、という考え方もあります。これは、「寒くなった時に売るためには、暑いうちから置いておくべきだ（お客様が「この店にはおでんがある」と暑いうちから認識するため、寒くなった時にすぐに買いに来てくれるはずだ）」という仮説を検証する際に、役立つ分け方です。その仮説が正しいのであれば、早くに置き始めた店のほうが、寒くなってから置いた店よりも売れ行きが良いはずです。

一方で、「その優位性が、何カ月続くのか？」も併せて検証するべきでしょう。1カ月程度で差がなくなるのであれば、気温の高いうちにおでんを置いても廃棄を増やしてしまうだけだな……という結論になるかもしれません。

いずれにしても「比較に際して、どういう分け方をするか」は、示唆を得るためにとても重要な考え方です。

Point

- 違和感を得るコツは、「似ている（違う）はずのものや期間」を比較対象に選ぶこと。
- 違和感を持てるように、常に「考えながらデータを見る」癖をつけよう。
- 比較する際は「どう分けて、どの違いを見るか」も重要。

第5章

データインフォームド思考 実践編

――「報告」「企画」「営業」……。具体的シーンで〝仮説とデータをつなぐ〟技術

確実に成果に結びつける人になるには？

◉操舵輪の役割を果たすビジネス人材になる

日々、技術進歩している高度情報化社会で事業成長を続けるにあたっては、データ人材とビジネス人材の2種類の役割が重要であることは既に述べました。

データを取り扱う能力に長けた「データ人材」がデータ利活用における「駆動輪」の役割を果たし、データとビジネスをつなぐ「ビジネス人材」が「操舵輪」として事業上の成果を生み出すための舵取りをする。そういう役割分担が一つの理想です。

本章では、その2つの役割のうち「ビジネス人材」に焦点をあてて、どのようにデータ利活用を成功に導いていくべきなのか、具体的なシーンに紐づけながらご紹介し

データ人材とビジネス人材の役割分担

クルマにたとえると、FR（後輪駆動）の
「後輪＝駆動輪＝“作業能力”」
「前輪＝操舵輪＝“解釈能力”」です。

データを作る
“作業能力”

駆動輪：
前に進ませる
＝
データ人材

データを読み解く
“解釈能力”

操舵輪：
進むべき方向を決める
＝
ビジネス人材

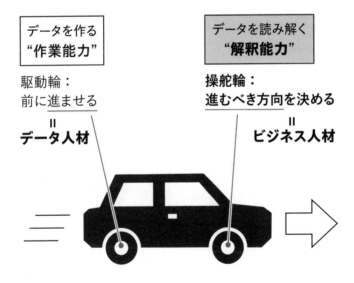

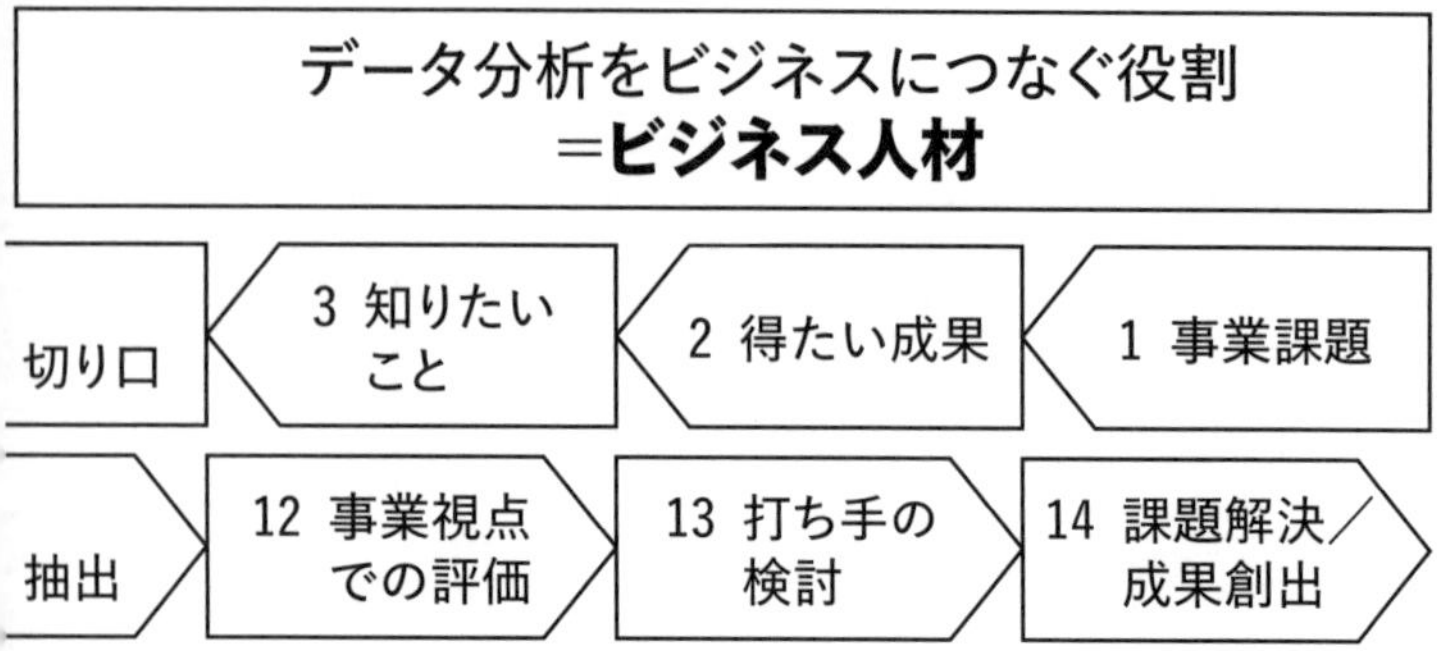

ていきます。

データ利活用は、手段です。目的ではありません。何のためにデータを用いるのか、そこからどういう示唆を得て、どのように事業成長につなげていくのか。そうしたことを考えることが極めて重要です。

それを担うのが「ビジネス人材」です。

第3章で示した、上の図を思い出してください。ビジネス人材は、この図の右側を担当します。

・どんな課題を解決したいのか
・その課題を深く理解するためには、どういう事実がわかれば良いか

「データ人材」と「ビジネス人材」の役割分担

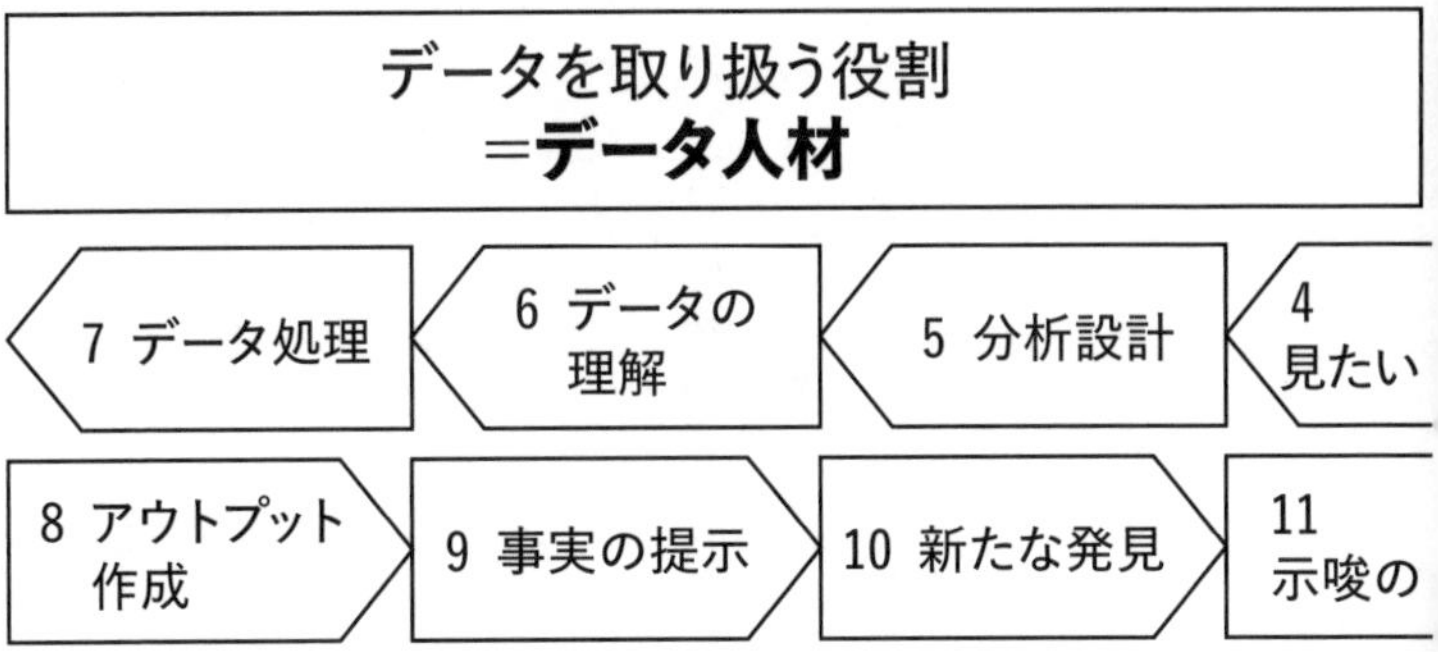

・その事実を示すデータには、どういうものがありそうか
・そのデータを、どういうグラフや表で示してくれると自分の知りたいことにつながるか

このあたりまでしっかりと考えることができれば、データ人材は、あなたの期待通りの分析結果を、間違いなく作り上げてくれます。

反対に、こういうことをまったく考えずに「とりあえず、何か出してよ」「まずは、ちゃちゃっとまとめてみてくれる?」などと依頼しても、意味のある分析が出てくることはありません。これはデータ人材の問題ではなく、依頼した側であるビジネス人材の問題です。

◉求められるのは「高い言語化力」

ビジネス人材は、ビジネスに造詣が深くなければいけません。そして、日々の活動と、データの関係性も理解しておく必要があります。それに加えて、高い対人コミュニケーション力が求められます。

自分が知っているビジネス現場での常識や経験則を、しっかり言語化して、データ人材に伝えることができなければ、良い分析にはなりません。また、自分がどういう仮説を持っていて、どういうデータで検証できると考えているのか、を伝えることができなければ、期待通りの分析結果も出てきません。

結局のところ、事業運営であっても、データ人材への分析依頼であっても、正しく情報を伝えることができるかどうかが勝負です。多くの組織でデータ利活用がうまくいかないのは、この、ビジネス人材の言語化不足に依るところが大きいと私は考えています。

もちろん、周りにデータ人材なんていない、という方もいるでしょう。その場合には、分析作業も自分でやらないといけないのだから、対人コミュニケーションの問題ではない、と思うかもしれません。

しかしながら、ChatGPTに代表される大規模言語モデル（ＬＬＭ：Large Language Models）を見てもわかるように、自然言語を用いたコミュニケーションスキルは、対人の枠を超え、対機械においても重要になってきています。そしてこの流れは、今後ますます加速していくでしょう。

こうした自然言語で機械（ＡＩ）に指示するにあたって、プロンプト（Prompt）というキーワードが注目されています。これは「作業指示用のテキスト」のことです。

現在は、スマートフォンやタブレットなどで、指やタッチペンでアイコンやボタンを押す操作方法が主流です。これは、パソコンにおいて、マウスやタッチパッドを用いてカーソルを動かし、クリックするのと同じものです。画面に直接タッチするか、マウスカーソルを操作するかの違いはありますが、この操作を行う機能はＧＵＩ（Graphical User Interface）と呼ばれています。グラフィカル、つまり、画像・映像によって直感的に操作できるユーザーインターフェース、というわけです。

一方、GUIが登場するより前には、CUI（Character User Interface）が主流でした。キャラクター、すなわち文字ベースで、コンピューターに指示を出していたわけです。この際に、コマンド（命令文）を打ち込むときに「コマンドプロンプト*注」が用いられていました。

そうなんです。LLMは、昔懐かしいCUIなのです。

もちろん、当時はコンピューターが理解できる言語、つまりプログラミング言語（もしくはそれに類する言語）で記述しなければいけませんでした。現在も、主流なのはそうした人工言語ですが、LLMにおいては「自然言語」、とりわけ「自然な文章」で指示をするようになってきたのが大きな違いです（GoogleやBingに代表される検索エンジンも、言語ベースで検索を指示するという意味でCUI的です。ただ、検索指示も検索結果も、これまでは自然な文章にはなっていませんでした）。

こうなってくると、人に指示をするのも、機械に指示をするのも、まったく同じことになってきます。特に、現時点では、機械は人間のように文脈を察してはくれません。正しく伝わるように依頼しなければ、期待されたアウトプットが得られません。
当然ながら、今後、ますますＬＬＭは進化し、自然言語で機械に指示することが増えていくのは間違いありません。既に、定型的な分析作業であれば、自然言語で指示して作成することが可能になっています。

そうした状況下では、**ビジネス人材は、自身の考えを正確に言語化し、伝えていくことが求められます。この能力を鍛えていくことは、すべてのビジネスパーソンにとって、極めて重要なこと**だと言えるでしょう。

それでは、「ビジネス人材」が、どのように考え、どのように周囲とコミュニケーションをとっていくべきかについて、具体的なシーンを例にとりながら考えていきましょう。

＊注：なお、プロンプトは「促すためのもの」という意味です。元来は「機械が、人間からのコマンドを受け付けられる状態」にあることを示すためのものでした。つまり、「人間が促されていた」わけです。一方で、ＬＬＭの世界では、自然言語で作業指示をすること、つまり「人間が、機械を促す」という意味になっています。一周回ってＣＵＩに戻ってきたものの、立場が逆転しているというのは面白いですね。

Point

・コミュニケーションスキルは対人だけでなく、対機械においても重要になる。
・自然言語で機械に指示することはますます増える。

データインフォームドな仕事術
シーン1：上司に報告し、指示を仰ぐ

●経営状況をつかむための手順

ステップ1・適切なデータを集める

まずは、上司とのコミュニケーションをとるシチュエーションを考えてみましょう。

ここでは、あなたは、複数店舗を展開する飲食チェーンにおいて、あるエリアの5店舗を担当するスーパーバイザーです。上司に、経営状況をまとめて報告し、課題および今後の対応策について相談していくことが求められています。

さて、どのように振る舞うべきでしょうか。

あなたが、この業界に詳しいかどうか、どのくらい経験豊富であるかによって、最初の一歩が変わります。

経験がある場合は、自分自身の感覚を言語化すると良いでしょう。

具体的な例を挙げると、

・A店は全般的に好調で特に平日夜に強い

・B店は週末に家族連れが多く来る

・C店は若者で混み合うが単価が低くて売上は伸び悩んでいる

などです。このプロセスを踏んでおくことで、実際にデータを集めたり、見たりする際に焦点を絞ってスタートできます。

一方、経験・知識があまりない場合には、最初に「使えるデータは何か」を考えるところから始めることになります。

さて、経験の有無にかかわらず、データ収集に移りましょう。今回の場合、経営状況を上司に報告するわけですから、以下のようなデータを集めていく必要があります。

経験・知識に基づく仮説がある場合は、それを検証するために必要な情報がどんなものであるか、という点に留意しながら検討すると良いでしょう。

・売上、客数、客単価
・原価率、廃棄率
・人件費、地代家賃、光熱費
・利益率、利益額

これらをすべて集めて、しっかり分析するに越したことはありませんが、まずは概況をつかむため、ここでは売上に関連する項目だけに絞って、考えてみます。

ステップ2・データは「粒度《りゅうど》」と「期間」で見ていく

売上と客数があれば、客単価は算出できますので、それら2つを見てみましょう。

こういうデータは「粒度」と「期間」について考える必要があります。

まずは、売上の粒度（こまかさ）です。月、週、日のどの単位でデータが集められるか確認します。可能であれば、さらに細かい時間単位もあると良いです。午前、昼、夕方、夜、深夜、などの時間区分になっているなら、それでも構いません。
続いては、期間です。1カ月分なのか、3カ月分なのか、あるいは1年分なのか。季節変動の影響がある場合には、最低でも13カ月分、可能なら25カ月以上のデータがあると変化が読みやすいと思います。

とはいえ、あまり細かい粒度で長い期間を対象にするとデータ量が多すぎたり、そもそもシステムから取得可能な期間が限られていたりもしますので、現実的に取得可能なデータがどんなものかを予め確認しておくと、手戻りが起こりにくくなります。

続いて、客数です。こちらについても粒度と期間を考えます。期間については、売上と同じものを用意できることが理想ですが、もっと短いものしか取れないなら、それでも構いません。

粒度については、人数、男女内訳、年齢層などのデータがあると顧客理解が深まります。もし、学生グループ、家族連れ、社会人グループ、などの定性的な情報が記録されているなら、ぜひ参考にしたいですね。こういう場合に、いわゆる「会員情報」

があると詳細な分析に取り組めるのですが、残念ながら、飲食業の場合は会員本人以外の情報を取得することが難しいという課題があります。入店時やオーダーを受ける際に、店員が入力した人数情報などが重要になってきます。

もちろん、会員情報があれば、少なくとも1名について、正確な年齢、職業などがわかりますから、有用なのは間違いありません。

このような情報群の中で、集められた情報を集計し、概況をつかみましょう。

5店舗すべての13カ月分の日単位の売上データが得られたとします。まずは、月毎の推移を追いかけてみましょう。何月が多くて、何月が少ないか。13カ月前に比べて、1年後の今月はどうなっているか。そういったことを確認します。日単位のデータを月単位に集計し、折れ線グラフにしておくとわかりやすそうです。

また、その傾向は、店ごとに違いがあるでしょうか。だいたい同じでしょうか。そもそも、店ごとに売上の大きさに差がありますか。これも、折れ線グラフを並べることで判別できます。

ここまで確認すると、似ている店、似ていない店を区分けすることができます。

たとえ業務知識がまったくなくても、この時点で、担当する5店舗について、何かしらコメントできるレベルまでたどり着けます。

ステップ3・データの変化と推移を比較してみる

続いては、客数情報です。売上を月単位で見ていますから、同じように月単位に集計しておきましょう。そして、月毎にどのように変化しているか見てみます。

先ほどの売上の推移、折れ線グラフと並べてみましょう。見比べてみて、グラフの波形が同じ形になっていれば、客単価は一定ということになります。グラフの形が違えば、それは客単価が変動しているということです。

また、この結果を、店舗間でも比べてみましょう。似ている店、似ていない店の区分けについて、さらに「客単価」の観点に一歩踏み込んで考えることができそうです。

ここまでくると、5店舗を「売上」「客数」「客単価」および、それらの「月変動」

の観点で分析することができました。おそらく、それぞれのお店の特徴が見えているはずです。この特徴によって、売上を伸ばす方策などが変わってきます。仮に、すべての店の特徴が似ているという結果になったとしても、さらに細かい粒度で分析することで、必ず違いが見えてきます。

たとえば、先ほどは月単位でしたので、日単位での推移を確認して曜日変動を見てみましょう。また、もしも時間帯別のデータがあるなら、ランチ利用の多い店と、ディナー利用の多い店、深夜利用の多い店などの特徴も見えてくるはずです。曜日や時間帯の客層情報を組み合わせると、学生が平日にランチ利用をする店、家族連れが週末にディナー利用をする店、などの傾向も見えてきます。

こうして見えた傾向は、業務経験が豊富な人が最初に行う「感覚の言語化」と合致します。

経験がある人は、ここで自分の感覚が正しかったかを確認できます。そして、何よりも素晴らしいことに、経験がない人でも、データによって経験豊富な人と同じ理解にまでたどり着けます。

◉経営状況を報告し、指示を仰ぐための手順

ステップ4・データを基に「カタい仮説」を立てる

ここまでくれば、それぞれの店の売上が上り調子なのか停滞気味なのかを踏まえ、お店の特徴を考慮しつつ、どこに原因があるのかという仮説を立てることができます。また、どのような対策を練れば良いかのアイデアも出せるはずです。

もし、データ分析に割く時間と労力がまだあるようなら、自分が担当していない別のお店のデータとも比較してみてください。似たような傾向の店舗がきっとありますから、そのお店と比較してみることで、担当店の良い点、悪い点が浮き彫りになってくることでしょう。

これだけのデータの裏付けを持っていけば、上司への説明は極めて論理的なものになります。

◉上司への説明の際に気をつける4つのポイント

ただし、説明の際に気をつけることがあります。それは、

①何が事実なのか（データから〝間違いなく言える〟ことは、何か）
②そこから、何を読み取ったのか（事実から、自分は何を考えたのか）
③どんな仮説を導き出したのか（それは、課題の仮説か、解決策の仮説か）
④その仮説は検証されているのか（未検証か、検証済みか。これから検証するなら、どのデータでどういうふうに検証するつもりか）

を明確に伝えることです。

これらの情報を伝えることで、上司は以下のような対応を行うことができます。

・事実が何なのかを理解できる
・その事実から読み取ったことが、正しいかどうか（自分と同じかどうか）判断できる
・現在の仮説がどういうもので、その仮説が自分の考えと近いかどうか見極められる

・未検証の仮説に関しては、その検証方法について一緒に考えられる

今回は、売上関連のデータだけを例に挙げましたが、ここに、原価や廃棄の話、人件費とそれにまつわるシフトの適正配置の話、地代家賃や光熱費などを踏まえた利益の話を追加していけば、さらに分析は高度になり、各店舗の状況をよりクリアに捉えることができます。

データによってあなたの知識を底上げすることで経験豊富な上司と対等に会話できるのみならず、そのデータを上司と共有することで上司の現場感覚を更新し、より実態に即したアドバイスを得ることもできるでしょう。

Point

・データの裏付けを持つことで、上司への報告が論理的になる。
・データによる自分の知識の底上げで、上司と知識や考え方を共有し、建設的な議論が可能となる。

データインフォームドな仕事術
シーン2：新商品を企画する

◉新商品を企画するための手順

ステップ1・何を狙うのか、を明確にする

続いては、新商品を企画する場合について考えます。

今回、あなたは飲料メーカーの酒類事業の商品企画部門に勤めています。そして、若年層向けに新しいアルコール商品を考えるという状況です。

さて、ビジネス人材として、どのように振る舞うべきでしょうか。


最初に取り組むのは〝狙い〟を明確にすることです。

その商品で、どういう人を狙うのか。それにより、どれくらいの売上をとりたいのか。そういった「企画の前提」となる情報を整理するところから始めましょう。
今回のケースでは、若年層向けのアルコール飲料、ということまでは決まっているものとします。
ターゲットが既に定まっているこの状況で考えるべきことは、「なぜ、そのターゲット（若年層向け）なのか？」です。

若年層を狙うということは、
・既存商品が若年層に売れていない（若年層以外に売れている）
・既存商品を買っている若年層とは、別の若年層を狙いたい
というようなことを考えているのだろうと想像できます。

あるいは、
・若年層を取り込むことで、中長期的に自社ブランドのファンにしたい
などの、中長期的な顧客ロイヤルティ向上を狙っているのかもしれません。

いずれにしても、このような考えが、どの程度正しいのかを検証することから始めましょう。

ステップ2・〝狙い〟の正しさを、検証する方法を考える

こういう時には、とりあえず消費者アンケートをやってみたくなるものなのですが、その前に「購買データから見えるものはないか？」を考えてみることをお勧めします。アンケートは非常に有用です。しかし、回答は質問内容に左右されてしまいますので、そこから導き出される示唆も変わってきます。可能な範囲で構いませんので、まずは、乾いたデータ、主観が入りにくいデータを用いることを考えましょう。

先ほど、若年層を狙いたい理由について考えてみましたが、それが正しいのか確認するためには、「既存商品は、誰に売れているのか？」を知る必要があります。

これを検証しようとすると、購買データと、購入者の情報が必要になります。

一般的に、酒類メーカーは、卸を経由して小売店に納入します。最終的な購入者である消費者は、小売店のお客様ですので、酒類メーカーが「誰が買っているのか」を知るのは困難です。そのため、「実態把握のために、アンケートをとろう」というお話になるのも当然です。

しかし、たとえば、

・小売店のＩＤ－ＰＯＳ情報（会員の属性情報付きの販売データ）を購入する
・ＥＣサイトなどの自社の直接販売チャネルの情報を用いる
・自社が経営するレストランでの提供情報を用いる

などの方法をとれば、データによって概況をつかむことができます。

特に、小売店の販売情報を入手し、分析すれば、競合の状況を理解することもできます。また、他の２つに比べてデータ量も多くなります。

その一方、自社運営のＥＣサイトや飲食店であれば、データ量が少なくなってしまうものの「知りたい情報」をピンポイントで収集し、分析することができます。

たとえば、そのお客様が、

・どれくらいの頻度でECサイト／飲食店に来ているのか
・そこで一緒に買うもの、食べるものは何か
・毎回同じものを買っているのか、新商品を積極的に試しているのか……
などの情報を得ることができます。

シーン1（221ページ参照）と同様に、取得可能な情報を見極めるところから始めましょう。その結果、アンケートデータしかない、ということであれば、もちろんそれでも構いません。

大切なのは、「実際にどのデータを使うか」ではなく、「何を知りたいのか」および「どうやってその事実を確認するか」なのです。

ステップ3・データを読み解いて、具体的な状況を想像する

さて、それらのデータから

・既存商品は30代〜40代を中心に売れている（小売店データ）
・若年層は、そもそもアルコールを飲む人が少ない（小売店データ、飲食店データ）

・若年層がアルコールを飲む場合には、低アルコール飲料が中心（ＥＣデータ、飲食店データ）

ということがわかったとします。この結果からは、

・アルコールをあまり飲まない若年層をターゲットにするのは難しそう
・低アルコール飲料を企画すれば、なんとかなるかも

ということが読み取れます。

しかし、その一方で、

・お酒をまったく飲んでいない人が「少し飲む」というキッカケを作ることができれば、市場は大きく拡大する

という可能性にも思い至ります。

ここまで情報が集まれば、改めてアンケートをとってみるのも良いでしょう。

・アルコールをたくさん飲む人、少しだけ飲む人、まったく飲まない人の割合
・少しだけ飲む人は、どういう時に飲んでいるのか

・まったく飲まない人は、飲んでみたいと思うことはあるのか
・まったく飲まないが、飲んでみたいと思うのは、どういう時か
・過去に飲んだことがあるアルコール飲料には、どういう印象があるか

などの情報をアンケートで集めることができれば、先ほど考えていた「若年層が、アルコール飲料を買う可能性」に関するアイデアを補強してくれます。

「少しだけ飲む人」がたくさんいることがわかった場合は、その人たちをターゲットにした新商品を考えれば十分な売上を見込むことができそうです。

一方で、「まったく飲まない人が非常に多い」ということになると、その人たちが「飲んでみたい」と思うような商品を企画する必要が出てきます（もしくは、若年層向けに売るのをあきらめることも選択肢に入ってきます）。

あるいは、「既存商品が、既に若年層に受け入れられている」ということになると、また話は変わってきます。既存商品をリブランディングするなり、既存商品のサブブランドを作り出すほうが、受け入れてもらいやすいかもしれません。

こうした対象層のボリュームは、今回作ろうとしている新商品で、いったい、どれくらいの売上規模を作っていきたいのかというお話と密接にかかわってきます。

どれだけ魅力的で、どれだけターゲットユーザーに支持される商品を企画したとしても、事業戦略上、獲得したい事業規模に届かないのならば、その商品は採用されません。また、自社商品を買ってくれている人が、新商品に流れてしまうことで、既存商品の売上が低下するカニバリゼーション（共食い）の可能性にも目を向けておくべきでしょう。

ここでは、ひとまず「低アルコール飲料を飲む人が、十分なボリュームいることがわかった」ということにしてお話を進めます。

ステップ4・多様なデータを用いながら、企画に落とし込む

事業ボリュームへの影響を見定めたら、次はユーザーニーズの確認です。

ここは、アンケートやユーザーインタビューに頼らざるを得ない部分ではありますが、飲食店データを用いることで「食事中に1杯だけ飲む人」や「低アルコール飲料

を飲む人」の行動を推定することができるかもしれません。

もちろん、複数人で来店しているため、誰が何を頼んだのかを正確に把握することはできませんが、それでも、

・4人客で合計12杯のドリンクが注文されているが、そのうち2杯がソフトドリンクのため、1名がアルコール1杯＋ソフトドリンク2杯だと仮置きする

・アルコールを頼むテーブルは炭水化物の注文は後半になるが、早めに炭水化物をオーダーしているテーブルには「飲まない人」がいると仮置きする

など、一定のルールに基づいた類推は可能です。

そして、データ分析の切り口を柔軟に変えていくと、以下のようなことが見えてくるでしょう（なお、これはあくまでも分析結果の例です。実際の分析結果ではありません）。

・まったくアルコールを頼まないテーブルはジュース類と茶系飲料（ウーロン茶、ジャスミン茶、緑茶など）が同程度だが、アルコールとソフトドリンクの注文が混在しているテーブルでは茶系飲料の割合が増える

・低アルコール飲料を頼んだテーブルは、他のテーブルよりもサラダを頼む傾向にある
・低アルコール飲料のおかわりは、2杯までにとどまることが多い
・アルコールを頼まないテーブルは、炭水化物の注文タイミングが早い。一方、低アルコール飲料を頼んだテーブルは、通常のアルコール飲料だけを飲むテーブルと同様に、炭水化物の注文タイミングが後半になる

こうした情報が与えられると、どんなことが想像できますか。

・低アルコール飲料を飲む人も、お酒をたくさん飲む人と同様に「飲み会」を楽しんでいる（一方で、飲まない人は「食事」をしにきている）
・低アルコール飲料を飲む人は、アルコール摂取量を抑えたいので、途中からソフトドリンクに切り替えている
・その際、料理の味を楽しめるように、甘味の少ないソフトドリンクを選んでいる
・低アルコール飲料を飲む人は健康意識が高い

といった状況をイメージできます。

こうした飲食店データからの学びを受けて、自宅で楽しめる新商品の企画に落とし込んでいきます。

たとえば、「低アルコール飲料を飲む人に向けて、食事と一緒に楽しめる〃甘くない低アルコール飲料〃を提案する」というコンセプトはどうでしょう。あるいは、少し目線を変えて「ヘルシーなレトルト食品とのセット販売を前提にした、ペアリング飲料」というコンセプトもあるかもしれません。

ここで大切なのは、このコンセプトには一定の論拠があるということです。何のデータの裏付けもない状態で、そういったコンセプトを提示されても、良し悪しを判断することは困難です。企画を評価する人の個人的感覚に基づいて、「好きか嫌いか」「感性に合うか合わないか」で判断するしかなくなり、水掛け論になってしまいます。

しかし、今回のように、データに基づいて考え、データによって可能な範囲で仮説を検証していけば、同じ土俵で議論することが可能です。

企画内容が否定された場合にも、シーン1と同様に、「データの見方・解釈の仕方が違う」とか、「仮説の検証方法に無理がある」とか、そういった明確な理由を教えてもらえるはずです。

このような指摘は、あなたの考えを研ぎ澄ますために非常に役立ちますし、ここでの学びを次の機会に活かすことができます。そして、このような建設的な議論は、ビジネスにおいて最も重要な「再現性」を高めることにつながっていきます。

Point

- **企画コンセプトには、データを裏付けにした論拠が必要。**
- **データを基にした建設的な議論は、成功の「再現性」を高める。**

デークインフォームドな仕事術
シーン3：営業先と攻略方針を決める

◉新サービスの契約を獲得するための手順

ステップ1・ターゲットの「絞り込み方」を考える

続いては、データインフォームドな営業活動について考えてみましょう。

あなたは、ビルや店舗の清掃サービスを請け負う会社の、法人営業担当です。これまで、あなたの会社はビルの共用部である、エレベーターやトイレなどの清掃を中心に請け負ってきました。今回、新たに観葉植物の設置・メンテナンスや、絵画や美術品のレンタルサービスを行うことになり、それの拡販を命じられています。

さて、どのように対応していくべきでしょうか。

既存の清掃サービスの契約をしてくれている顧客に、片っ端から電話してアポを入れるという絨毯爆撃方式もあるとは思いますが、効率が良いとは言い難いですね。

ここは「契約してくれそうな企業」にアタリをつけることから始めたいところです。

では、今回の新サービスを買ってくれそうかどうかは、どういう観点で評価すれば見えてくるでしょうか。

たとえば、

・関係性が良好で、とりあえず話を聞いてくれそう
・オフィス環境を整えることに興味がある
・資金面で余裕がある

などの観点はどうでしょう。

従来の清掃サービスが「オフィス環境を維持する」目的で使われるのに対して、今回のサービスは「オフィス環境を向上させる」役割を担います。

そのため、「掃除屋さんが提案してきても、ピンとこない」「うちは、そんなところにお金をかけるつもりはない」などの反応が予想されます。そうした事情を勘案したうえで、少しでも話を聞いてくれる余地がある企業を狙っていかなければ、成約率は上がりません。

そうした意味で、先ほどのような観点で評価していくことを考えたわけです。

ステップ2・条件を設定し、絞り込む

続いては、対象企業の絞り込みです。どういうデータを用いて、どういう条件で洗い出していけば良いでしょうか。

まずは「話を聞いてくれそうな企業かどうか」です。これは、

・定期的に営業がコンタクトしているか
・清掃サービスの品質に対してクレームなどは上がっていないか
・意思決定者と会えているか

などで判断できます。具体的には、営業の活動記録などから、

・訪問等のコンタクト頻度が年4回以上
・クレーム件数が、直近3カ月で0件
・役職者との面談が、年1回以上ある
という条件で対象企業を抽出してみましょう。
なお、契約更新時期が近い顧客は、関係性が良いならば更新挨拶を兼ねて追加提案をする機会を作るのも良策ですが、関係性が悪いお客様に不用意にコンタクトをとると、既存契約のオプション解約や他社への切り替えなどにつながってしまうリスクがあります。このあたりもデータによって色分けしていきたいところです。

続いては、「オフィス環境を整えることに興味があるか」です。
これも、いくつかの観点で評価できます。
・契約先が管理会社ではなく、ビルオーナーである
・清掃サービスのオプション契約が多い
・共用スペースが広い

管理会社だとダメということではないのですが、観葉植物や絵画などの維持管理は、既に管理会社自身、もしくは他社委託で実施している可能性があります。また、管理会社の場合、個別のビルの事情よりも管理会社の本部側で契約ルールが決まっている可能性がありますので、個別撃破は難しいことが想像できます。

従って、まずは、オーナーと直接契約しているところをターゲットにするという案が考えられます。

また、清掃サービスの基本パックだけでなく、より手厚いオプションを契約しているところは、環境維持の意欲が高いと考えられます。そういうビルであれば、観葉植物、絵画、美術品などによる環境の向上意欲が高い可能性があります。

また、ビルの共用スペースに置く前提での提案のため、そこに十分な広さがあることが大切です。

従って、以下のような条件で考えると良いでしょう。

・契約者名義が小規模事業者である

・3つ以上のオプション契約がある
・1年以内にオプション追加を行っている
・ロビーフロアや自販機スペースなどの清掃契約がある（もしくは、営業の活動記録や日々の清掃記録から「共用エリアが広い」ことが判別できる）

また、「観葉植物の有無」「絵画・美術品の有無」もわかるようならば見ておきたいところです。まだ置いていないところに新たに設置してもらうほうが簡単なのか、既に置いてあるものを「メンテナンスフリーにできる」という伝え方のほうが刺さりやすいのかは、ビジネス上の判断になります。

しかし、いずれにしても、実際に営業に行くにあたっては「我々は、どちらをメイン・ターゲットとして狙うのか？」が明確になっているべきです。

次に「資金面で余裕がある」はどうでしょう。これは、先ほどの環境整備に興味関心があるか、と重複する部分が多々あります。オプション契約が多い、オプション追加をしている、などの条件で、ほぼ絞り込みが完了していると考えられます。

しかし、あえて追加の抽出条件を考えるのであれば、

・過去に、値下げ交渉・値引き交渉がない

・支払遅延がない

などは考慮しても良いかもしれません。

ステップ3・セグメントに分けて、攻略優先順位をつける

こうして、多様な軸で顧客を分類していくと、いくつかのグループ（いわゆるセグメント）に分解することができます。たとえば、

「オーナー直取引で、オプション契約が多く、共用スペースは狭い。観葉植物は未設置。クレーム発生ナシ。支払い遅延ナシ」

「管理会社契約で、オプション契約は少なく、共用スペースは狭い。観葉植物・美術品は設置済み。クレーム発生アリ。支払い遅延ナシ」

といった具合です。

このようなセグメントに、攻略優先順位をつけていきます。今回の場合、先述した2つのセグメントであれば、前者のほうが優先度は高そうです。

優先度がつけば、それぞれのセグメントの社数を踏まえて、どのセグメントまで攻めるか決めましょう。

取引のある1000棟が20個のセグメントに分解されたと仮定します。そこで、最も優先度の高いセグメントは30棟だけでした。これでは、営業活動の攻略対象として少なすぎますね。

2セグメント、3セグメントと対象を広げていって、たとえば「100棟になったところまでを対象とする」という具合に考えていくと良いでしょう（そこを攻めてみて、目標契約数や、目標売上に届かない場合は、作戦の練り直しです）。

ステップ4・攻略方針を決める

次は、攻略方針の検討です。理想を言えば、1社1社に対して個別に考えていきたいところですが、まずは、セグメントごとに考えるのが王道です。

たとえば、観葉植物が既にあるセグメントには、自社サービスへのリプレース（切り替え）だけでなくて、既存の植物への水やり・健康診断などのメンテナンスのみの提案も用意しておく、などのやり方が考えられます。

あるいは、オプション契約は少ないが、共用スペースが広いお客様には、「定期的に絵画・美術品を入れ替えることのメリット」を強調してみてはどうでしょう。

また、来客が多いビルなどであれば、多少の割引をしてでもサービスを契約してもらうことで「観葉植物・絵画のレンタルサービスがある」ということを、ビルを訪れた多くの人に認知してもらう効果が期待できるかもしれません。

少し目先を変えてみると、関係性が非常に良いお客様に対しては、そのビルに入居する各事業者に対して、「占有スペース内での観葉植物・絵画レンタルサービス」の営業を行う許諾をいただく、という案も考えられます。

もちろん、実際に営業活動を行う際には、担当営業にヒアリングして、そういう提案が可能かどうか（つまりデータを見ながら考えた仮説が、現場の感覚として正しそうか）を確認するべきです。

しかし、片っ端から絨毯爆撃で電話をかけまくるよりは、こういった考え方に基づいて攻略方針を定めていくほうが効率が良いと言えそうです。

Point

- **戦略のない絨毯爆撃方式の営業は非効率。**
- **相手の特徴に合わせた攻略方針を定めて営業するほうが、成果に早くたどり着ける。**

あなたのビジネス感覚とデータは表裏一体

◉「データから勝手に物事がわかる」ということはない

今回ご紹介したのは、「上司への報告」「新商品企画」「法人営業の攻略方針検討」の3つのシーンでしたが、同様の考え方を用いて、「マーケティング施策の検討・振り返り」「解約防止策の検討」「新規出店のエリア選定」「支店の統廃合計画の策定」「販売員のシフト最適化」などの、あらゆる企業活動を〝データインフォームド〟なものへと再設計することが可能です。

3つのシーン例を見ていく中でお気づきになった通り「データから勝手に物事がわかる」ということは、まずありません。

データと真剣に向き合い、ビジネス感覚とすり合わせながら、現場で何が起こっているのかを突き詰めて考えることが、データとビジネスをつなぐ、ということです。

もちろん、大量のデータが存在し、それを自由自在に分析する環境と技術があれば、機械学習によって「答えらしきもの」を導き出すこともできます。しかし、そうした「答えらしきもの」があったとしても、最後に「何を実行するか」「どう判断するか」を決めるのは人間です。

もっと言えば、「機械の出した答えを、そのまま信じる」というのも、人間の判断の結果です。

たとえば、デジタル広告の配信のように、1秒間に何千件、何万件のトランザクション（やりとり）が発生している状況において、「毎回人間が判断する」なんてことはありえません。また、デジタル広告の場合は「1度や2度、意にそぐわない広告が表示されても、大した問題ではない」というリスク許容度の観点もあります。

つまり、この場合は、「少しくらい間違っても構わないから、機械に任せてしまう」、という判断を人間が下しているわけです。

◉求められるのは、「データ」と「自身の業務」を紐づけて捉える力

このような観点で「機械に判断を任せるかどうか」、言い換えると「この判断において、機械にどこまで手伝ってもらうか」を考えていくのが、ビジネス人材の重要な役割です。

このような「機械の範囲」と「人間の範囲」を決めるためには、「どのデータを使えば何を判断できるのか」「どういう基準を設けてデータを見ていくのか」などを、自身の担当業務と紐づけて理解しておく必要があります。

あなたが身につけてきたビジネス感覚は、どうしても主観的で、他人と共有しづらいものになっています。それらをデータと紐づけて捉え直すことで、客観的で、周囲と共有可能な〝形式知〟として再構築することができます。

これからの時代、データ量はますます増え、それを活用できるかどうかが企業の成

業務への組み込みで考えるべきこと

全部AIに任せる、ばかりが選択肢ではない。

➡ビジネスにおいては人間が判断すべきことが大半を占める

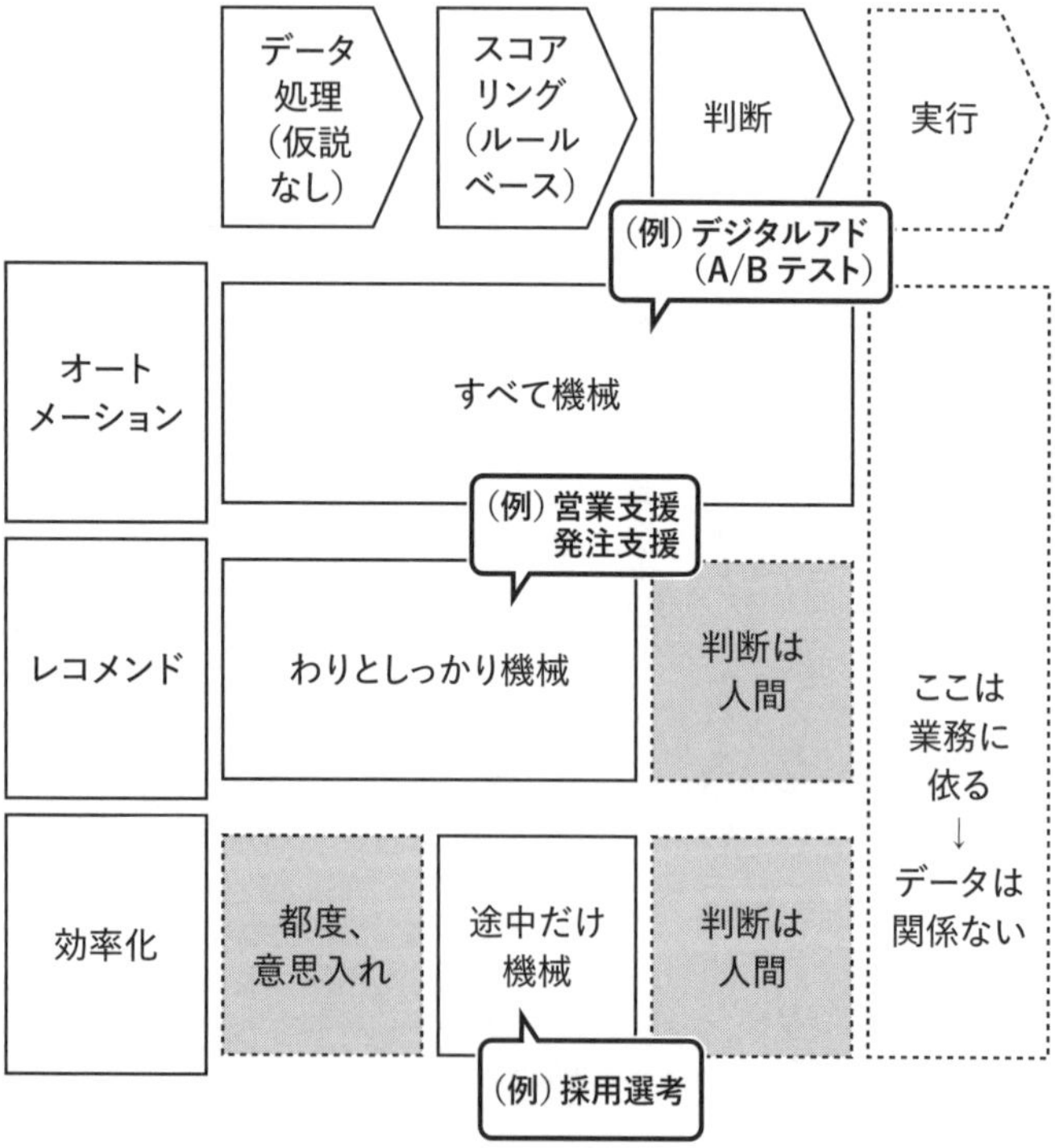

長性を左右します。そんな中、所属組織・企業が大きく成長を遂げるためには、あなた自身のビジネス知識・経験をデータと紐づけて捉え、データとビジネスをつなぐ役割の「ビジネス人材」としての能力を磨いていくことが、極めて強く求められてくるのです。

Point

- **機械が「答えらしきもの」を導き出しても、最後に判断するのは人間。**
- **あなた自身の知識と経験を、データと紐づけて捉える能力を磨く。**

おわりに
「成功の再現性」に寄与するビジネス人材を目指そう

「SQLやPythonができないから、使えない人材だ」ということはありません。「統計知識がないから、無能だ」ということでもありません。

「ビジネスで成果を出す」という観点では、それらのスキル・知識と同様に、業務経験やオペレーション能力も極めて重要です。

組織として成果を出すことを目指すのならば、人それぞれが得意とする領域に注力し、役割分担を行うことが理想です。何でもできるスーパー人材は、そんなにいません。凸凹した人材同士を組み合わせて、組織力を高めていくことになります。

そして、役割分担をスムーズに運営するには、お互いのリスペクトが重要です。

ビジネス人材は、データ人材に対して偉そうな態度をとらない。

データ人材は、ビジネス人材に対して「わかってないな」と馬鹿にしない。

ビジネスが分かる人も、データを扱える人も、そして、システムに詳しい人も、それぞれ素晴らしいスキルを持っています。それぞれの良いところを組み合わせれば、非常に強い組織になります。

リスペクトを持つためには、相手の領域を知ることが大切です。その意味で、SQLやPythonを勉強したり、統計学を学んだりするのは有用です。システム開発の手法や用語について知識を得ておくのもお勧めです。相手の領域に一歩、二歩と踏み込めば、相互理解が深まります。

また、保有スキルが違う人、担当業務領域が異なる人とのコミュニケーションにおいては、コンテクスト（文脈）に注意を払う必要があります。ハイコンテクストな会話は、お互いの前提知識が揃っている状態でしか成立しません。極力、ローコンテクストなコミュニケーション、つまり、可能な限り正確に言語化することを試みましょう。

そして、この「ローコンテクスト」を重視する態度は、これから先、ますます求められるビヘイビア（振る舞い）になっていくと考えられます。

本書内でも触れましたが、機械に対する自然言語・自然文での指示出しが、現実のものとなってきました。そして、機械も、私たちに対して自然言語・自然文で返答をしてくれます。ここでも、必要となる前提情報を漏れなく伝えていくことが、生産性に直結してきます。

また、機械との直接対話の他にも、「機械をうまく使うための、仕組み作り」において、ローコンテクストは重要です。いわゆるシステム開発の現場です。

どんな業務を実現したいのか。いま、どんなことに困っているのか。絶対に変えてはいけないこと、死守しないといけないのは何か。反対に、今やっていることの中で、変えてしまってよいこと、やめてしまうことができるものはないか。こうした要望（業務要件）を言語化し、伝えられるかどうかは、今後、ますます重要になります。

テクノロジーは日進月歩どころか、分進時歩、秒進分歩とでもいうべき速度で進化を続けており、それらが、日常業務にどんどん組み込まれていきます。その際に、「ビジネスサイドで、何を実現したいのか」「何を守り、何を変えたいのか」を明確にできなければ、テクノロジーを用いた生産性向上は実現されません。

使われないシステムが構築され、使われないデータが蓄積されていき、巨額のシステム投資が経営を圧迫する。そんな悲しい未来は、避けなければなりません。

本書の冒頭で、ビジネスにおいて重要なのは再現性である、と述べました。成功確度を高め、それが再現するように形式知化していく。これが、ビジネスの本質です。データ活用も、システム開発も、一度きりで終わるものではありません。どんどんデータが追加され、どんどんシステム機能が拡張されていきます。さらには、また別の業務領域・目的のデータ活用やシステム開発が行われます。そして、そのたびに、新たなテクノロジーが追加されてきます。

私たちは、これから先、何度も何度も、データについて考え、システムについて考え、テクノロジーについて学ぶことになります。

本書では、データとの向き合い方を解説しました。これは、入り口です。データと実ビジネスをつなぎ、成果を出せるようになった上で、その知見を、ご自身の中で形式化してください。それが、今後出てくるさまざまな新テクノロジーに対応する際の「成功の再現性」の礎となります。

ビジネス人材として、企業の成長に大きく寄与するチャンスを、ぜひ、手にしてください。

2023年仲秋

田中耕比古

著者略歴

田中耕比古（たなか・たがひこ）

株式会社ギックス取締役／共同創業者

1977年生まれ。2000年、関西学院大学総合政策学部卒業。商社系SI企業に入社。米国ソフトウェアベンチャーへの技術研修員派遣により、サンフランシスコ勤務。2004年、アクセンチュア株式会社戦略グループ入社。通信業、製造業、流通・小売業などの多様な業界の事業戦略立案からSCM改革、業務改革に至るまで、幅広い領域でのコンサルティングプロジェクトに参画。2011年、日本IBM株式会社入社。ビッグデータのビジネス活用を推進。2012年、株式会社ギックス設立。取締役に就任。戦略コンサルティングとデータ分析を融合した、効率的かつ実効性のあるコンサルティング・サービスを提供。2022年３月、東京証券取引所マザーズ（現グロース市場）に新規上場。著書に『数字力×EXCELで最強のビジネスマンになる本』『論理思考×PowerPointで企画を作り出す本』（ともに翔泳社）、『デキる人が「あたり前」に身につけている！　仕事の基礎力』（すばる舎）、『一番伝わる説明の順番』『仕事の「質」と「スピード」が上がる 仕事の順番』（ともにフォレスト出版）、『思いつきを価値あるアウトプットに変える 思考の手順』（PHPビジネス新書）がある。

仮説《かせつ》とデータをつなぐ思考法《しこうほう》

DATA INFORMED

2023年10月6日　初版第1刷発行

著　者　田中耕比古《たなかたがひこ》
発行者　小川 淳
発行所　SBクリエイティブ株式会社
〒106-0032　東京都港区六本木2-4-5
電話：03-5549-1201（営業部）

装　丁　小口翔平＋後藤 司（tobufune）
本文デザイン・DTP　株式会社キャップス
イラスト　堀江篤史
編集担当　美野晴代
校　正　鷗来堂
印刷・製本　株式会社シナノ パブリッシング プレス

本書をお読みになったご意見・ご感想を
下記URL、またはQRコードよりお寄せください。

https://isbn2.sbcr.jp/21742/

ISBN978-4-8156-2174-2